改 變 自 己 的 角 度 ， 才 能 活 得 快 樂 幸 福

幸福，就從放下開始

Living in the moment

歐洲有句諺語說：

一切都抓住，一切都失去。

人生是快樂或痛苦，端視你看待生活的態度，如果你懂得該放下的時候就放下，用開闊的態度過生活，生活就會過得快活。
你必須勇敢地放下一些不必要的心靈負擔，才能真正快樂地享受屬於自己的美麗人生。

法國文豪巴爾札克曾說：

追求心靈享受的人，應該是行李越輕越好。

的確，如果追求過多，並且斤斤計較得失與否，
就會讓自己的「心靈行李」越沈重，也就越會讓自己舉步維艱，陷入痛苦的深淵。
人生在世，超過一半以上的困擾和煩惱，
其實都來自於我們不知道「放下」的道理，
才會讓自己陷入自尋煩惱、自作自受的心靈禁錮之中，
離幸福快樂越來越遠。

千江月 編著

• 出版序 •

幸福，就從放下開始

人必須活在當下，把握生命，只要你願意放下負面的想法，就會找到屬於自己的幸福快樂。

英國大作家狄更斯曾經在著作中告訴我們：「一個懂得珍惜幸福的人，才能徹底享受自己的生活。」

的確，要想生活得快樂，就必須珍惜眼前的幸福，熱愛自己生活中的一切，如此一來，生活才會盈溢著盎然樂趣。

每個人的生命歷程都會有幸福時光，也必定會有痛苦時刻，想想那些在風災中流離失所，與親人生離死別的災民，你的痛苦又算得了什麼？

願意面對痛苦、放下痛苦的人，才能擁有真正的幸福。

不管你和別人的生活有多大的不同，也不管別人與你的人生有多大的差異，只要你能放下那些折磨自己的痛苦，樂觀地接受生活中的一切，你就會認爲自己是「最幸福的」。

貝斯特曾夢見自己的未來：「我將有一間花園豪宅，還會娶一位美麗善良的妻子，有三個健壯的兒子，而這三個兒子的成就，都讓我感到相當自豪，至於我自己，則會成爲一名探險家，每天開著一輛紅色的法拉利跑車，上山下海，到處拯救人類……」

不過，現實世界裡卻沒有這麼美好，因爲有天早上他在玩橄欖球時，不小心把膝蓋弄傷了，從此也別想登山、爬樹與航海了。

後來，他開始研究市場銷售，並且成爲一名醫藥推銷商。

事業還算有成的貝斯特，有件事倒是與夢境相似，那就是他娶到了一位非常漂亮善良的女孩，可惜的是，妻子卻一口氣幫他生下了三個女兒！

經商有成的貝斯特，沒有花園豪宅，但有一座四十七樓高的觀景房屋，在這裡不僅可以欣賞美麗的大海，還能看見城市的美麗夜景，看著女孩們可愛的模樣，其實還是很幸福的。

爲了使生活過得舒適，貝斯特賺了很多錢，但是因爲腿傷，讓他無法親自體驗紅色法拉利的速度與快感。有一天，他忽然想起那個「美夢」，忍不住向朋友抱怨：「我眞是太不幸了！」

朋友看著眼前的富豪，不解地問：「爲什麼？」

於是，貝斯特向朋友說出他的夢境，最後充滿遺憾地說：「這一切與夢想中的完全不同啊！」

朋友搖了搖頭說：「已經很好了，你該滿足一點。」

不管朋友怎麼分析、安慰，貝斯特就是堅持眼前的一切與美麗夢境不同，更沒想到的是，他居然因此而憂慮病倒了。

有一天，他夢見上帝，立刻質問祂：「上帝，您不是說要滿足我的希望嗎？」

上帝說：「有啊！那個美夢不是實現了嗎？」

貝斯特搖了搖頭：「您沒有全都實現！」

上帝說：「因爲，我後來想了想，如果送你一些夢中沒有見過的事物，你一定會感到驚奇。總之，最基本的事物，我都已經給你了，美麗的太太、好的住所與三個可愛的女兒，這些都是最美好的……」

貝斯特聽了，忍不住打斷了上帝的話：「……但是，您並沒把我眞正想要的賜給我啊！」

「那你是否也能把我想要的東西，回饋給我？」上帝說。

貝斯特從未想過上帝要什麼：「您需要什麼？」

上帝說：「我要你，愉快地接受我的恩賜。」

這一夜貝斯特想了許久，當東方漸白，他決定重新做一個夢，他希望夢見往昔的時光，以及他現在已經得到的一切。

很快地，貝斯特出院了，而且從出院的那一刻開始，愉快地享受上帝的恩賜！

詩人作家歌德曾經寫道：「能把生命的快樂和痛苦聯接起來的人，是最幸福的人。」

人必須活在當下，把握生命的每一剎那。不要老是抱怨自己爲何遭逢那麼多挫折，爲何人生路走得那麼坎坷，只要你願意放下這些負面的想法，就會找到屬於自己的幸福快樂。

我們都曾經做過美麗的夢，也總是祈禱著能美夢成眞，但是，當美夢未能完全實現的時候，你會怎麼面對？

「珍惜你已經擁有的！」這是貝斯特躺在病床上最重要的醒悟，也是他重新找回性命與幸福的仙藥靈丹。

請靜靜地享受眼前的一切，並認眞地珍惜眼前的一切，因爲，眼前的一切是我們唯一擁有的，而我們想要的快樂與幸福，其實早已存在其中，一切就只等我們發現、珍惜。

PART—1 抱怨越多，生命越短暫

當我們仔細地計較著生命時間時，也發現人生忽然變短了，但是我們卻還在浪費時間作白日夢，浪費時間發牢騷及埋怨。

PART—2

分享是最快樂的事

生活苦悶的你，該不會是被帶走太多快樂而不自知吧？不想生活過得那麼苦悶，快用分享交換快樂吧！

PART—3

把握稍縱即逝的幸福滋味

幸福就在我們的身邊，微風也經常輕拂著街邊的樹梢，或輕輕撥落枯葉，為街景與你我增添幾許幸福與浪漫。

PART——4

讓過去成為美麗的回憶

總是弔念著錯過的你，別再怨嘆著已逝的過去，我們永遠無法預視未來，這樣的結果，反而能為你留下「最美的記憶」。

PART—5

用心靈魔法創造生命奇蹟

生活中有各種交流與溝通的方式，我們都有機會遇見，甚至被其中之一激發出生命的潛能。

PART—6

不肯認真的人最愚蠢

常識由生活習慣與生活經驗所累積，當人們笑我們沒常識時，你是否也驚覺，自己居然不認真生活，白白浪費了珍貴的時間？

PART—7

人生的苦樂來自你的選擇

過快樂的生活，還是過悲苦的日子，從來都不在別人的手中，也不在外在的大環境中，就在我們選擇人生的轉念之間。

PART——8

幸福往往從放下的那一刻開始

放下並不是意味著「失去」，反而是另外一種形式的「擁有」。放下是從苦惱中超脫的最好方法，不肯放下只會讓自己陷入的痛苦和折磨之中。

PART—9

天堂和地獄就在轉念之間

面對人生的各項課題，選擇權就掌握在我們手中，是好是壞、是善或惡，全在你的一念之間！

PART—10

知福惜福才是最大的幸福

人間的一切事都在冥冥之中有了安排，本來就由不得你打如意算盤，更何況是憑空飛來的財富呢？

1

PART

抱怨越多，生命越短暫

當我們仔細地計較著生命時間時，
也發現人生忽然變短了，
但是我們卻還在浪費時間作白日夢，
浪費時間發牢騷及埋怨。

選擇面對，才有成功的機會

相信自己潛能無限，也珍惜你生活中的任何機會，那麼即使失敗了，你也不會有遺憾與煩惱。

在最困苦的時候，偉大的音樂家貝多芬曾經這麼說：「我要捉住命運的咽喉，它休想教我屈服！」

無論如何，請記住貝多芬的這句話，不管眼前的生活多麼困苦，我們都不該聽任命運捉弄，因爲眞正能掌握自己的人，只有我們自己！

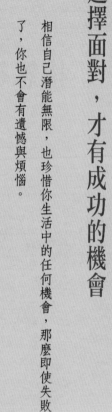

耶誕節到了，原本是最快樂的時刻，卻見弗蘭克斯少校滿臉愁容凝視著聖誕樹，不停地嘆息。

原來，他想起了七個月前在柬埔寨時，害他失去雙腿的那場意外。畢業於西點軍校的他，曾經下定決心要終身從軍，但是以現在的情況，似乎唯有提早退伍，才是最正確的選擇。

一想到自己再也不能英姿筆挺地站立，更無法繼續從軍，學習作戰經驗、技術知識等等，躺在病床上的他，只有無盡感嘆。

不過，最讓弗蘭克斯難過的是，他從此再也不能在棒球場上一展雄姿了，因爲只要他一擊中棒球，便會有一位隊友立刻代替他跑壘。

有一天，弗蘭克斯坐在休息室，看見一位隊友用滑行的姿勢進到三壘，他忽然對自己有了信心：「相信我也可以親自站上壘包！」

弗蘭克斯再次上場打擊，只見他一棒揮出後，便立即叫代跑者讓開，自己賣力地往前衝，當他發現球就快進二壘手中時，即咬緊牙根，閉上了眼睛，拼命似地往壘包的方向衝去，最後一頭滑到壘包上。

當裁判高喊「安全上壘」時，現場立即歡聲雷動，弗蘭克斯更是開心不已。

幾年後，弗蘭克斯已經晉升爲四星上將，他說：「當年長官也曾懷疑我的能力，但是正因爲這雙義肢，讓我與士兵之間的關係更加密切，而我也從這義肢中明白，人生是沒有限制的，除非你自己侷限了自己！」

人必須活在當下，把握生命的每一刹那。不要老是抱怨自己爲何遭逢那麼多挫折，爲何人生路走得那麼坎坷，只要你願意放下這些負面的想法，就會找到屬於自己的幸福快樂。

有人說幸福的最大敵人就是痛苦，其實，要是沒有經歷過痛苦，人又如何珍惜得來不易的幸福？

試著放下痛苦，不再讓過往的失敗、挫折侷限自己，而要充分利用短暫的生命，積極開創下一個階段的人生。從自怨自艾的情緒中走出來，因爲，它永遠不會幫你找到幸福。

你還待業中嗎？失業的原因，是公司開出的條件限制了你，還是你自己開出的條件侷限了自己？

就像弗蘭克少校所說的：「只要性命還在，生活就有機會，每個人也都有無限發展的可能。」

當你看見條件苛刻的徵才要求時，千萬別心生退縮、裹足不前，如果連爭取的企圖心都沒有，你又怎麼料得到，原來他們的苛刻條件，是用來刪除那些沒有自信的人？

無論遭遇什麼困境，只要你願意給自己多一點挑戰的勇氣與決心，相信自己潛能無限，也珍惜生活中的任何機會，那麼即使失敗了，你也不會有遺憾與煩惱，因爲，你知道：「下一次，我一定會成功！」

跳出現成位置，活出自我價值

一個人的價值不是取決於外在地位。要有隨時可以捨棄目前位置的決心，才不會因為眷戀現狀而無法朝下一個目標前進。

台南玉井是一個芒果的盛產地。當地除了出產不同品種的新鮮芒果外，還有一種特產——芒果乾。那裡有一位非常知名的芒果乾專家，經過一再改良，研究出口感極佳的芒果乾。

才三十幾歲的芒果乾專家是國內第一學府的畢業生，放棄了等著他的高薪工作，回到家鄉投入芒果乾的製造行列。

一開始大家都不看好他，認爲這種傳統產業沒有太大的發展性，但是經過不斷努力，他闖出了一片天。

這個例子提醒我們，不要太執著於社會賦予的「位置」，選擇自己想做的事才是最重要的，也才能夠活出屬於自我的價值。

第二次世界大戰結束後，有一位媒體記者問幽默作家蕭伯納：「當今世上你最崇敬的人是誰？」

蕭伯納答道：「我們能從大戰中解脫，眞是萬幸。世界文明並沒有被法西斯蹂躪和毀滅，這實在應歸功於蘇聯紅軍打敗了德國法西斯，而它的統帥就是史達林元帥。所以，我崇敬的第一個人就是史達林，是他拯救了世界文明。」

記者聽到蕭伯納把「第一個人」說得特別堅定有力，便知蕭伯納話中有話，於是接著問：「閣下崇敬的第二個人呢？」

蕭伯納回答：「第二個讓我崇敬的人，是愛因斯坦先生。因爲他提出了相對論，把科學推向另一個新的境界，爲我們開闢了無限廣闊的前景，他對人類的貢獻是無可計量的。」

見蕭伯納似乎沒有將話語結束的意思，記者又問：「那麼這世界上是不是還有閣下崇敬的第三個人呢？」

蕭伯納微笑著回答說：「至於第三個人嘛，爲了謙虛起見，請恕我不直接說出他的名字。」

《克拉瑞薩》一書作者理查遜，有一次在鄉間別墅接待一群客人。席間，一位剛從巴黎回來的紳士對他說：「恭喜你，理查遜先生。你知道我在巴黎看見什麼嗎？我看見國王弟弟的桌子上擺著一本《克拉瑞薩》。」

理查遜聽了高興極了，但是當時許多客人都在私下聊天，沒有人聽到這件「喜訊」。因此，理查遜決定暫時先不理這位紳士。

過了一會兒，直到人們安靜下來，理查遜才再度提起這個話題，問這紳士：「先生，剛才你說……」

他想讓紳士重說一遍，讓所有人都聽見。

誰知紳士對這種過分的虛榮心態十分反感，故意露出冷淡的表情說：「沒什麼。小事一樁，不值得重複再說。」

很明顯的，蕭伯納認爲當今世界上自己最崇敬的第三人，就是他自己。這是一種自信，但不自負的態度。對他而言，坐在這個「位置」上擁有一定的榮耀，但是即使失去了，他也能坦然面對。

至於理查遜則非常在意這個「位置」代表的一切價值，希望所有的人都可以注意到他，並給予一定的恭維。可是，就像那位客人所言，「位置」只不過是小事一樁罷了。

每個人在社會上，都有一個「位置」。人們在這個位置上，可以獲得某種程度的報酬，只是許多人總認爲一旦離開了這個位置，就有可能失去一切。這都是因爲，人們太習慣依賴、看重「位置」所給予的社會地位，卻忘了一個人的價值，不是取決於外在的地位。

「位置」是死的，人是活的；位置不可能永遠存在，人卻可以改變。

因此，我們要有隨時可以捨棄目前位置的決心，才不會因爲過於眷戀現狀而無法朝下一個目標前進。

有人辭掉高薪工作去當個果農，有人放棄手上事業到處旅遊，現代社會裡，這樣的人遍佈各地。相較於那些想去做某件事，卻放不下眼前「位置」的人而言，他們快樂多了！

每人都要學會釣魚的方法

真正懂得「救助」意義的人，不會一味地將魚兒送給等待救助的人，會告訴他們如何獨自站起來，並教他們如何自助助人。

英國作家斯特弗森曾經在著作中寫道：「希望是永恆的喜悅，它就像人類擁有的土地，年年有收穫，是用不盡的、最牢靠的財產。」

的確，人活著就必須充滿希望，才不會渾渾噩噩得過且過，才不會想出各種藉口爲自己的懶惰開脫。

只要我們心中充滿希望，就會積極設定人生的目標；爲了達成目標，就會做好各種準備，採取積極的行動，不致讓自己的夢想淪爲幻想，不致於淪爲整天等待別人救助的人。

當人們對於救濟單位的需求量大增的時候，揭露的不是社會福利的健全與否，而是人們的生存能力已經開始下降了。

有天，維吉尼亞．莎泰爾被派到南邊一個城市，幫助這裡許多等待救助的居民。但是，這一次維吉尼亞希望能給予他們更實際的幫助，讓他們知道：「只要願意，任何人都能自給自足。」

初次見面時，維吉尼亞便問他們：「你們有什麼夢想？」

沒想到，每一個人聽到這個問題時，全都露出困惑的神情。

有人說：「夢想？我們沒有夢想。」

維吉尼亞好奇地問：「難道你們從小到大沒有立過志願嗎？」

這時，有個婦女回答：「夢想有什麼用？有了夢想，老鼠還不是照樣會跑進我的屋裡咬孩子。」

維吉尼亞笑著說：「嗯，這的確很傷腦筋，妳很擔心老鼠會偷襲妳的孩子，那麼妳有沒有想辦法解決呢？」

婦人想了想說：「嗯！我很想換個新紗窗，因爲舊的那個已破洞。」

維吉尼亞看了看其他人，又問：「有沒有人會修紗窗呢？」

這時候，有位中年男子大聲地說：「我以前修過，雖然近來背痛得很厲害，有點吃力，不過我會盡力試試。」

於是，第二次聚會時，維吉尼亞問那位太太：「紗窗修好了嗎？」

太太滿意地說：「修好了！」

維吉尼亞笑著說：「太好了，那麼妳的夢想可以開始了！」

維吉尼亞又問幫忙的男士：「那你呢？」

他說：「說來奇怪，我現在的精神比以前好很多呢！」

維吉尼亞笑著說：「其實這也不是什麼大事，只要你勇於跨出第一步，目標就會越來越近了！」

接著維吉尼亞問了其他人的夢想，其中有一位婦女說，她一直想做個秘書。

維吉尼亞問：「爲何不放手去做呢？」

婦人說：「我有六個小孩，如果我上班了，就沒有人能照顧他們了。」

維吉尼亞笑著說：「沒關係，我們一起想想辦法！那，有人願意幫忙她帶小孩，讓她可以到學校去上秘書訓練課程嗎？」

這時，有位婦女熱心地表示：「雖然我也有自己的小孩要照顧，不過，我可以幫這個忙。」

就這樣，維吉尼亞一一幫他們解決問題，每個人都有了工作，像是修理紗窗的男子，便找到了技工的職業，而幫人照顧孩子的婦女，最後還拿到了合格褓姆的證書。從此，這個南方小鎮的居民，再也不需要社會救濟，因爲他們都在實踐自己的夢想。

布萊恩．巴斯葛曾說：「依靠同類是最愚蠢的行為，無論我們多麼不幸，多麼無助，沒有人會給我們真正的幫助，最終我們將孤獨死去。」

將這段話簡單地解釋，便是「救急不救窮」，畢竟，沒有人能一輩子支援或救濟我們。

相對的，眞正懂得「救助」意義的人，不會一味地將魚兒送給等待救助的人，而會像維吉尼亞一樣，告訴他們如何設定目標，勇敢地站起來，並教他們如何自助助人。

我們也不要把人們的救助視爲理所當然，那些不僅不長久也不可靠，唯有靠自己，才能保障自己一輩子。

美麗世界需要用心彩繪

只要相信這個世界上無處不美麗，即使僅僅只是面白牆，也會用「心」彩繪上企盼已久的夢想花園。

許多自私的人都有一個特徵，那便是「目光如豆」。因為視野狹隘，即使他們站在與別人相同的峰頂，也只看得見腳底下的花草，不像別人看見了無盡寬廣的美麗世界。

生活究竟是痛苦的折磨，還是愉快的享受，其實全在於我們的抉擇。

每個人的生活都有艱苦的一面，但在那些不甘於受到環境限制的人眼中，不管過著怎樣的生活，都懂得放下痛苦，珍惜幸福。

有兩個重病患者同住在一間病房裡，病房中只有一扇窗可以看見外面的世界。其中有位病人必須每天起身，坐在電椅上治療一個小時，而另一個則終年都躺在床上，連坐起來的能力都沒有。

每天下午，那個必須起身進行治療的病人都會坐在窗口，熱心地爲另一個人描訴窗口的景緻。

「窗外有個美麗的公園喔！公園裡還有一個小湖，湖裡每天都飛來許多鴨子和天鵝呢！哇！那些孩子們眞善良，他們正在丟麵包餵食小鴨子。偷偷告訴你喔！樹下有許多年輕的戀人正在散步呢！外面的景緻眞美，有盛開的花朵，還有翠綠的草地，眞是美極了！」

聽見病友如此愉快描述的，雖然終年躺在床上的病人無法親眼目睹，但心情卻也像親眼看見如此美景一般，非常愉快。

然而，有一天，當他再次聆聽病友快樂地描述窗外風景時，心中卻產生不滿情結，不悅地想：「唉！爲什麼只有睡在窗邊的人，可以獨享外面的風景呢？爲什麼我沒有這樣的機會？」

越想越不是滋味的他，心中突發奇想：「如果他離開了，那該多好！這樣，我就能名正言順地更換床位，親自享受窗外的風景了！」

沒想到當天晚上，病友忽然劇烈咳嗽，且在咳得快斷氣時痛苦地看著他，希望他能幫忙按鈴求救。

但已被「窗外美景」慾念佔據的他，卻自私地當了旁觀者，眼睜睜地看著病友氣絕身亡。

第二天早上，護士們將病友的屍體抬走了，而他也立即要求：「我可以換到那張床嗎？」

於是，他成功地換到了窗口的病床。

當醫護人員離開後，他慢慢地用手撐起身體，吃力地往窗外望去，然而他看見的卻是完全不同的景象：「怎麼會這樣？爲什麼只有一道白牆？公園到哪兒去了？」

你看見了他們的美麗公園嗎？

在這個人人高喊個人自由的社會，人們似乎越來越習慣當個旁觀者，不但忽略了人類群居的眞正功能，也遺忘了當初組成社會的初衷。

爲什麼會有人看不見美麗公園，而有人總是看見世界的美麗？

因爲，心地「美麗」的人知道，眞正的美麗世界不在外面的風景，而是在於他們自己的心中。

對他們來說，只要心中保持樂觀與積極，相信這個世界上無處不美麗，那麼他們觸目所及的一切，即使僅僅只是面白牆，也會用「心」彩繪上企盼已久的夢想花園。

感謝在背後默默愛你的人

不要忘記，父親和母親一樣，比世界上的任何人都愛你，為了子女的快樂，他同樣有勇氣拋棄一切，包括自己的生命。

也許你不曾察覺，除了母親，一直有個人，在背後默默地愛著你，不讓你知道，也不求你回報。若是你哭了，他會感到自己的內心陰雨綿綿；若是你開懷大笑，他的世界便有了陽光。

這個人是誰？我想你一定知道。

這是古老，但值得再三咀嚼的溫馨故事。

女孩喜歡音樂，每天清晨，當對面人家傳來鋼琴聲時，她便癡癡地趴在陽台上靜靜聆聽。鋼琴的聲音是多麼美妙啊！如果自己也能擁有一架鋼琴……不，不，如果自己可以摸一摸鋼琴，坐上去彈一次，那該有多好啊！

女孩的一舉一動全都看在父親眼裡，他知道女兒每天清晨，必定趴在陽台上，手指在陽台的欄杆上面忘情地跳躍著，心裡開始有了一個願望。

從小到大，女孩從來沒見過父親買過一件像樣的衣服，身上的衣服總是縫縫補補，洗得近乎發白。女孩知道自己應該卯足全勁用功讀書，只要自己夠努力，將來一定能考上音樂學校，如此一來，就每天都有鋼琴可彈了。

也許是因爲經濟不景氣吧，爲了賺取生活費，父親似乎比以前忙了許多，每天早出晚歸，累得來不及洗澡便倒頭就睡。

日復一日，女孩不知爸爸爲何如此拼命，卻知道爸爸頭上的白髮已經多得數也數不清了。就這樣，五年過去了，女兒終於考上了最好的高中。

父親歡天喜地去銀行取出了存款，一路上沉浸在喜悅之中。他想像著女兒看到禮物後欣喜的表情，不知道自己背後正跟著一雙不懷好意的眼睛。

父親走到一家商店前面，看到了櫥窗裡的鋼琴。這架直立式鋼琴是二手的，卻保存得十分新穎，上頭的標價寫著「五萬塊」，而他這五年來所攢的積蓄正好夠支付這筆錢。

他一邊數著手上的鈔票，一邊叫來售貨員，正當他滿心歡喜地數到最後一張鈔票時，手上一條被刀子劃開的血痕卻凝結了他的笑容。

父親變得茶飯不思，鬱鬱寡歡，頭上的白髮顯得更多了，女孩見到這種情形，除了擔憂，還是擔憂。幾天後，父親拿出一樣東西交給女兒，那是一塊長長的木板，上面貼著厚紙板，紙板上畫著鋼琴的鍵盤。父親說：「爸爸真沒用，本來想給妳買架真的鋼琴的……」

長久以來，女孩第一次看到了父親的淚水，她激動地摟住爸爸的脖子，雖然不知道發生了什麼事，但她什麼都明白。

女孩坐在紙鋼琴的前面，十指輕快地跳躍在琴鍵上，她彈得淚流滿面、如癡如醉，她彈的是一首交織在父親與女兒的心中，永恆不朽的溫馨旋律。

看了這個故事，你是否想起那個日漸衰老、皺紋滿面的父親？

也許，我們的父親一生庸庸碌碌，看起來一事無成，和別人的父親不能相比；也許，父親的愛乍看之下是那麼粗糙，不像母愛那般細緻入微，父親也從來不曾像母親一樣溫柔地哄我們入睡。

但是，不要忘記，父親和母親一樣，比世界上的任何人都愛你，為了子女的快樂，他同樣有勇氣拋棄一切，包括自己的生命。

沒有他，就不會有你，在感謝媽媽的同時，別忘了，還有一個人，一直在背後默默的愛著你。

抱怨越多，生命越短暫

當我們仔細地計較著生命時間時，會發現人生忽然變短了，但是我們卻還在浪費時間做白日夢，浪費時間發牢騷及埋怨。

一天之中，你會用多少時間發牢騷呢？

早上一進辦公室，便與同事說老闆昨天太挑剔；下午時間，還會找藉口休息，然後跟另一個同事大罵另一個同事不合作；晚上呢？你是否也繼續用電話、MSN，向親朋好友哭訴自己的生活有多悲慘？

如果，以上情況你全部符合，那麼，你恐怕得準備弔念你的一生了！

人生苦短，爲何要浪費寶貴的時間發牢騷呢？只要你肯積極一點，人生就會轉變，不久就會看見夢想的藍天。

瑪亞・安格魯小時候和奶奶住在一起，因爲奶奶開了間小店鋪，家裡每天都有各式各樣的人出現。

特別是那些愛發牢騷的顧客出現時，奶奶一定會把小瑪亞拉到身邊，並神秘地說：「瑪亞，快來！」

那時，瑪亞會很聽話地進去，然後奶奶便會問候客人：「今天好不好啊？托瑪斯老弟。」

只見托瑪斯長嘆一聲說：「唉！還能怎麼樣？不怎麼樣啊！妳看這個夏天實在快熱死人了，生活眞是煩透了，眞受不了這種大熱天，眞要命！」

聽到這裡，奶奶便會低聲地說：「唔！嗯！」

然後，她就會向瑪亞眨眨眼睛，確定小瑪亞都有聽見這些抱怨話。

還有一次，有個人抱怨說：「每天要這樣幹活，眞煩！妳看看，那些塵土到處飛，我的騾子老是不聽使喚，唉！這樣的工作我實在做不下去了。還有還有，你們瞧我這雙腿，還有這雙手，每天都又酸又痛，渾身都不對勁啊！唉，我就快受不了了！」

當然，奶奶仍然只是：「唔！嗯！」

不過，當這些牢騷客一出門，奶奶就會對著瑪亞說：「瑪亞，你聽到這些人的抱怨嗎？你聽到了嗎？」

瑪亞點點頭。確定後，奶奶總是這麼教導小瑪亞：「瑪亞啊！每天每個人都會酣然入眠，但是卻有人一覺不起啊！想想那些人，當他們從此躺在靈柩中，再也不能抱怨天氣，或埋怨騾子倔強時，他們一定會後悔，自己爲什麼要花那麼多時間去抱怨啊！記著，牢騷太多會傷害身體，浪費生命。如果，你對任何事不滿意，一定要設法去改變它；如果改變不了，記得，換個態度去面對，千萬別浪費時間抱怨嘮叨喔！知道嗎？」

小瑪亞點了點頭！

聽見老奶奶叮嚀著「別浪費時間抱怨嘮叨」時，你是否像小瑪亞一樣，把奶奶的叮嚀聽進去了呢？

讓人怵目驚心的天災地變，不也提醒我們：「人生很短，因爲你永遠不知道，自己什麼時候會永遠地睡去！」

看似長久的生命，其實很短促，稍不留意就逝去；當我們仔細地計較著生命時間時，也會發現人生忽然變短了，但是我們卻還在浪費時間做白日夢，浪費時間發牢騷及埋怨。

既然，你不只一次看見了人生迅速無常，何不聽聽老奶奶的建議：「孩子，別再抱怨生活了，只要你肯積極一點，你就會讓生活更幸福！」

人際互動從親情開始

不管世界怎麼改變，親情的支持力量遠大於其他的助力，親情間的互動更是所有人際互動中的首要。

百善「孝」爲先，這是萬物初生的開始，看似平凡，其實珍貴。父母是我們要掛念一輩子的人，因爲他們總是這麼對我們說：「累了嗎？沒關係，我們會給你一輩子的依靠！」

我們最早感受和源源不斷得到的愛，都來自於雙親。不管他們是什麼樣的人，我們都應該把他們當成自己的鏡子。

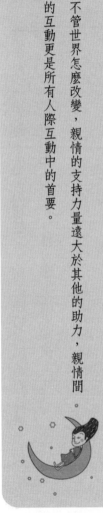

球場上，有位年輕人正在練習足球，爲了能早日上場比賽，四年來他幾乎是風雨無阻地練習，每天在球場上一定會看見他的身影。

不過，最讓教練注意的，卻不是他的練球精神，而是他與父親之間的情感，因爲每當父親來到球場，他便會立刻上前，帶父親在球場上慢慢地散步、聊天。好幾次教練看到這溫馨的一幕，都想要上前與他的父親聊一聊，但一直都沒有機會。

就在球季的某一天，年輕人向教練說：「教練，我父親剛剛去世了，我想請假回家辦理喪事。」

教練體諒地對他說：「傑利，你放心地回去處理事情吧！不過，你也不必急著在比賽前回來。」

雖然教練這麼說，但在比賽的前一天晚上，傑利卻出現在教練面前，提出了另一個請求：「教練，我想請您允許我一件事，請讓我出賽！」

教練猶豫了許久，最後敵不過傑利的懇求，只好答應了，但是這個答應，卻讓教練失眠了一夜。

因為，傑利的表現一直都不理想，而明天的隊伍實力非常強，他必須讓實力更好的球員出賽才行。

但是，他已經答應傑利，不能反悔了，於是他想：「明天只好再叮嚀他們好好地合作，再要求其他人，儘量別傳球給他。」

第二天，教練重新調整出賽順序，然後靜靜地祈求幸運之神降臨。

忽然，教練一聲：「喔！不！」

原來，沒想到才剛開球，球就落到了傑利的正前方，教練一緊張，便喊著：「大家注意啊！」

只見傑利緊緊地控制住球，而且一路閃躲過了三個人，直到過了中場線，才被對手扭倒，並獲得一次十二碼球的機會。

對敵手來說，眼前這個小伙子，他們一點印象也沒有。原來，傑利對敵人來說一點也不具攻擊性，甚至在情報記錄上一個字都沒有，只因這場比賽是傑利第一次正式出賽！

上半場幾乎是傑利的天下，只見他在場上跌倒後又站起，並躍過一個又一個的阻礙；下半場時，傑利的衝勁也激勵了其他球員，大家勢如破竹地一路猛攻，直到比賽結束。

他們勝利了，成績更是創下了紀錄，大家回到休息室時，每個人都開心地歡呼著，但是就在這個時候，傑利卻不見了。教練四處找尋，最後看見他一個人埋著頭，躲在沐浴室裡。

教練不禁好奇地上前問他：「傑利，你怎麼了？在煩惱什麼呢？你今天表現得有如神助呢！」

傑利抬起頭，眼眶中噙著淚，說：「不是神，是我的父親，教練，您知道嗎？我父親是個瞎子，今天，他終於可以看見我參加比賽了。」

日本知名的教育作家池田大作曾經語重心長地寫道：「對孩子們來說，有如營養般重要的雙親的愛，有時苦似良藥般的嚴格，以及無限寬宏的理解，都能有助於孩子的成長。」

父母一直流露著關愛的眼神看著自己的子女，世界上還有什麼比父母心中蘊藏的感情更神聖的呢？

不管世界怎麼改變，親情的支持力量遠大於其他的助力，親情間的互動更是所有人際互動中的首要，因爲，每個人都是從「父母」開始。

孝順的傑利爲了不讓父親失望，把對父親的思念轉化爲力量，因爲他相信，生前什麼都看不見的父親，如今一定在天國守護著他。看完傑利的故事，幸福的我們，慶幸還有父母親可以依賴的同時，是否更要懂得珍惜眼前的一切呢？

發現需要，才能對症下藥

想解決問題，不能只看事情的表面，糾在心裡的病痛如果沒有同時解決，身體上還是會出現許多莫名的「心理病」呀！

對自己缺乏信心的人，很難活出亮麗的人生，一遇見不如意的事，只會怨天尤人，生病之時則會變成讓人頭疼的病人。

面對病痛，與其四處找尋名醫仙丹，不如建立病人的康復信心，讓他們體內的免疫系統能更加積極地拯救自己。

有個脾氣暴躁的富翁忽然身染重病，但是固執的他，不管家人們怎麼勸說，就是死也不肯就醫。

最後，有位摯友看不下去了，親自帶了一位醫生來看他。當然，脾氣古怪的富翁非常不合作，家人拿藥給他吃時，只見他生氣地說：「哼，這個醫生的嗓門居然比我還大，我才不吃他開的藥呢！」

不得已，大家又找了一位談吐文雅的醫生，但是情況依舊沒改善，而且富翁這次還當場吐槽：「叫那個裝模作樣的傢伙領完出診費，馬上就離開，哪有人看病這麼馬虎的！」

富翁的病一天天地惡化，家人雖然受不了他的固執，但又無法逼他吃藥，全都急得團團轉，想不出什麼解決方法。

這天，富翁的體溫驟升，有個朋友正巧遇見一位著名的年輕醫生，連忙拜託：「請您救救我的朋友吧！他的病情已經相當嚴重了，卻又不肯看醫生吃藥，你有沒有法子救他？」

年輕醫生看他如此誠懇，便爽快地答應：「你放心，我有辦法！」

年輕醫生隨這位朋友前去富翁家，一進門便親切地問富翁：「親愛的大伯，您今天感覺好些了嗎？」

富翁看著眼前這個陌生人，點了點：「還好啦！」

聽見富翁的回答，醫生便笑著說：「放心，我相信您很快就會好了。」

接著，醫生請傭人準備些冰塊，輕輕地敷在病人的額頭上，頓時之間富翁感覺舒服多了。醫生看見富翁的臉色放鬆了下來，便順著他的情緒問：「大伯，您是否願意吃些我開的藥方呢？可以好得更快喔！」

這一次，富翁居然答應了，默默地點了點頭。

於是，醫生把藥準備好後，又在藥水中加了點蜜汁，然後親自餵食。

一會兒，富翁喝完了藥，很平靜地說：「很甜耶！」

說完話，他吐了口氣後便睡著了。

傍晚醒來的時候，富翁不僅燒退了，身體也舒服許多。曾經醫治過富翁的大夫，紛紛上門請教這個年輕大夫，到底用了什麼方法說服這個古怪的富翁，並治癒他的病。

這位年輕的醫生笑著說：「其實，沒什麼特別的。他想要什麼，就給他什麼囉！總之，心病還需心藥醫！」

你認為這位醫生用了什麼仙丹靈藥呢？

當然不是什麼仙丹與靈藥，而是一份眞誠的關心。年輕醫生知道，富翁眞正的問題，不在於病痛，而是他無法感受到眞正的體貼與關心，只要他一發脾氣，人們只會怪他個性古怪，卻沒有人發現他的需要。

所幸，這位年輕醫生發現了，這就像許多躺臥在床上的病人一樣，不管病況嚴不嚴重，只要有人眞心關懷、慰問與鼓勵，病情便會漸緩，或是日漸康復。

延伸到生活中，當我們遇上難題時也是如此，想解決問題，不能只看事情的表面，而要發自內心面對。

即使我們可以逼迫病人把藥吃了，暫時解決身體病痛，但是，糾在心裡的病痛如果沒有同時解決，身體上還是會出現許多莫名的「心理病」呀！

2

PART

分享是最快樂的事

生活苦悶的你，

該不會是被帶走太多快樂而不自知吧？

不想生活過得那麼苦悶，

快用分享交換快樂吧！

適時溝通就是最好的互動

只要我們隨時關心身邊的人，即使只有短短的一句「你好嗎」，或是一個小小的擁抱，意外都將會在這些小小的關懷中化解的。

美國作家奧尼爾在《榆樹下的願望》裡提醒我們：「如果生活的幸福只是對自己眼前境遇的滿足，那就沒什麼價值。」

幸福來自於自我對生活的感悟，以及和週遭親友的溫馨互動。

請隨時告訴你的親友們：「你是我人生中最重要的人！」

只要我們願意給予這樣的肯定與支持，幸福與快樂的日子必定會隨時守候在你我的身邊。

今天，賈許老師把學生一一叫到台上，告訴每一位同學：「你和這個班級對我而言是相當重要的。」

賈許親自爲每位學生繫上了一條金字藍底的緞帶，上面寫著幾個字：「我是重要的人。」

接著，老師對學生們說：「除此之外，我想請大家做一個實驗，你們照著我的動作，向其他人表示你對他的肯定，然後我們再來討論，這個動作對這個社區有什麼樣的影響。」

接著，她再交給學生三個緞帶別針，並教導他們如何表達感謝與鼓勵，一個星期後，他們再向大家報告觀察結果。

於是，有位男同學一下課，便到學校附近的公司找一位年輕主管，因爲這位主管曾經指導他完成生活的規劃。

當男孩將一條緞帶別在他的襯衫上後，又將另外二個別針送給了他，並解釋說：「其實，我們正在做一項研究，我們想透過這樣的方式，讓這個動作不斷地傳送下去，並發現人與人之間的變化，所以，當你完成這項任務後，請您務必告訴我結果。」

於是，第二天早上，這位年輕的主管來到老闆的辦公室。據說這個老闆是個很難相處的人，不過，因為年輕人仰慕老闆的才華，因此他很樂意將這個感謝緞帶送給他的老闆，感激老闆給他親近與學習的機會。

老闆聽了十分驚訝，不過他還是接受了年輕人的感謝緞帶，並為自己別上。當年輕人繫好後，也將剩下的別針送給他，然後說：「希望您也能把這緞帶送給您所感謝的人，這是一個學生送給我的，他說這是一項研究，他希望我們將這個感謝緞帶一直延續下去，並發現這些人際的變化。」

老闆了解情況後，也點頭答應。

晚上，老闆坐在十四歲兒子的身旁，對他提起了今天發生的事：「今天發生了一件不可思議的事，我坐在辦公室的時候，有位年輕同事對我說他很仰慕我的才華，還送我一條藍色緞帶。然後，他又送了我一個別針，請我送給我所要感謝的人。你知道嗎？我開車回家時便開始想，這個緞帶我要送給誰呢？最後我想到了你，因爲在我生命中，你是我最重要的人。」

老闆吐了口氣，說道：「這些日子來，我經常不在家，不僅沒空照顧你，有時候還會因你的學業成績退步或房間髒亂，失控地對你大吼大叫。所以，現在我想讓你知道，你對我眞的很重要，除了你媽媽之外，你是我一生中最重要的人啊，孩子！」

兒子聽見父親這麼說，一陣驚訝，也一陣感動，忽然，兒子哽咽啜泣了起來，他看著父親，淚流滿面地說：「爸爸，其實我原本計劃明天要自殺的，因爲我一直以爲你並不愛我，幸好有這個緞帶，因爲它讓我發現，原來是我誤會了，爸爸，謝謝你！」

透過故事中的藍色緞帶，你是否也發現，自己已經很久很久沒有和身邊的人溝通情感了呢？

別上一個藍色的緞帶，同時也爲親友們別上一個許久未曾表達的愛意，當你覺得社會的暴戾與怨懟增加時，先別急著責怪社會的冷漠，因爲，那很可能我們缺乏溝通，因爲我們太久沒有和別人談心了。

就像故事中的兒子與父親，太久沒有溝通、互動，差點就造成悲劇，一如今日社會上經常看見的自殺事件。

其實，這些意外絕對可以避免，只要我們隨時關心身邊的人，即使只有短短的一句「你好嗎」，或是一個小小的擁抱，意外都將會在這些小小的關懷中化解。仔細地想一想，你有多久沒有聽見家人和朋友的聲音了呢？

分享是最快樂的事

生活苦悶的你，該不會是被帶走太多快樂而不自知吧？不想生活過得那麼苦悶，快用分享交換快樂吧！

人爲了體現生命的意義而開創美好生活，而懂得分享則會讓自己活得充滿喜悅，充滿欣慰。

一個人樂於把自己擁有的與別人分享，才能擁有眞正的幸福。

分享是一種高尙而寬闊的情操，唯有具備這種情操的人，才能活得快樂，眞正享受美好的生活。

當然，施予的目的不是爲了得到什麼，但是，願意與人分享的人，一定能獲得豐厚，快樂而幸福的人生回報。

保羅的哥哥送給他一輛新車，當他離開辦公室前往停車場取車時，有個男孩繞著那輛新車欣賞，還問保羅：「這是您的車嗎？」

保羅點點頭：「是的，是我哥哥送給我的禮物。」

男孩驚訝地說：「你哥哥送的？」

保羅看著吃驚的男孩，以爲他也希望能有個哥哥送他車子，但這個男孩卻說：「我也希望自己能送輛車給弟弟。」

這個答案眞是意外，保羅吃驚地看男孩，接著邀請男孩：「要不要上車，我們一起去兜風？」

男孩開心地說好，坐上副駕駛座。逛了一小段路之後，男孩興奮地說：「先生，您能不能把車子開到我家門口？」

保羅心想，男孩一定是想向鄰居們炫耀一番，爲了滿足他的虛榮，便答應了男孩的請求。

來到門口，男孩又說：「請你等一等！」

只見男孩一下車，立即跑進屋裡。

過了一會兒，他居然扶著一個跛腳的男孩走出來，接著指著那輛新車說：「弟弟，你看，這就是我剛剛在樓上告訴你的那輛新車，這是保羅的哥哥送給他的喔！將來我也會送給你這樣的車子，然後，我們可以開著車，到街上兜風，一起欣賞那些漂亮的耶誕飾品了。」

保羅聽見男孩對弟弟這麼說時，不禁大爲感動，走到兄弟倆的面前，一把將跛腳的男孩抱了起來。

他讓兩個男孩一起坐到車裡，並對他們說：「不必等到以後，現在，讓我們一起上街兜風吧！」

這天聖誕夜，保羅對他的哥哥說：「哥哥，謝謝您，我今天終於明白，爲什麼施比受更有福的道理。」

俄國文豪托爾斯泰曾經寫道：「快樂是什麼？人生最大的快樂，並不在於你擁有了什麼，而在於珍惜與分享的過程。」

當保羅載著兩個小男孩提前實現夢想時，相信你也感受到坐在車裡的三個人，正在享受的一種幸福、歡樂的氣氛，是吧？

永遠記得一位老媽媽說的話：「你認爲我給得太多？那你就猜錯了，其實我從他的身上換到了很多快樂啊！」

多麼可愛的「交換」觀念！

覺得生活苦悶的你，該不會是吝於付出、吝於分享，流失了太多快樂而不自知吧？如果你不想生活過得那麼苦悶，那麼，就趕快學會用分享交換快樂吧！

向摯愛的人表達心中的愛意

老人們最在意的，不是我們功成名就，而是寶貝孩子們的關心與體貼，向我們摯愛的親人表達心中的愛意吧！

想成為幸福的人，首先得先學會誠摯地向親人表達自己的愛意。心理學家瑪莉就發現，因為祖孫之間的關係較傾向「溫馨接納」，反而能讓他們成為沒有隔閡的好伙伴。

每個星期天，都會有人在約翰．蘭薩牧師的衣領上別一朵玫瑰花。這個星期天，當蘭薩再次別上花朵時，有個小男孩上前對他說：「牧師，演講結束後，你會怎麼處理這朵花呢？」

蘭薩指著身上的玫瑰花，問道：「你指的是這朵花嗎？」

小男孩點了點頭，對牧師說：「是的，我想，如果你要將丟掉它的話，是否可以送給我？」

蘭薩微笑地說：「當然可以，不過，你要怎麼使用這朵用過的花呢？」

小男孩仰望著蘭薩，純眞地說：「我要將它送給我的祖母。自從爸爸和媽媽離婚後，我跟媽媽住過一次，後來又跟爸爸住過一陣子，但是，他們都不再收留我了，我就來到祖母家。祖母對我眞的很好，每天煮飯給我吃，也非常疼我。從來沒有人這麼眞心疼愛我，所以我要把這朵漂亮的花送給她，謝謝她愛我。」

聽了小男孩的眞摯告白，蘭薩感動得眼眶泛淚光，拿下了花朵，對男孩說：「孩子，這是我聽過最幸福的事，但是我不想把這朵花送給你。」

小男孩一聽，著急地問：「你剛剛答應我了！」

蘭薩笑了笑說：「因爲，才一朵怎麼夠呢？在講台前面有一大束花，我認爲你把那些花送給祖母，更能表現出你對她的愛。」

小男孩瞪大了眼，開心地說：「好棒喔！我本來只想要一朵花，卻反而得到一大束的美麗花朵，祖母看了一定非常高興。」

非常動人的小故事，當小男孩真摯地索取花朵時，蘭薩也看見了最純美動人的祖孫情。看著小男孩的體貼與關愛，你是否也感受到其中溫暖？

愛就是這樣簡單，因爲祖母的疼愛與照顧，小孫子也要用相同的疼愛與關懷，回饋給他的老奶奶。

那我們呢？你是否也經常掛念著家中的老人家，想起他們對你的關懷與疼愛呢？其實，家中的老人們最在意的，不是我們在職場上的功成名就，而是寶貝孩子們對他們的關心與體貼，不如我們一起學學小男孩，向摯愛的親人表達心中的愛意吧！

同心，就能幸福一輩子

患難夫妻最動人的地方，是在生活最辛苦的時候，彼此的心中仍掛念著要給對方幸福。

常聽見「夫妻本是同林鳥，大難臨頭各自飛」這句話，有人說這種現實景況是很正常的，但是，你眞的這麼認爲嗎？

如果在非常時刻，你或另一半想的是「快閃」，那其實意味著你們早已同林不同巢了啊！

迪拉的身上只剩一元八角七分，眼看明天便是聖誕節了，但她除了待在屋裡哭泣外，根本想不出什麼辦法。

當初，租下這個月租三十二元美金的套房時，她沒有料到丈夫詹姆原本一百二十美元的月薪會突然降成了八十美元，讓兩個人的生活捉襟見肘。

迪拉哭完後，重新調適了自己的心情，走到窗邊想著：「明天是聖誕節了，無論無何我都要買份禮物送給老公。」

但是，她努力存下的一元八角七分，能怎麼運用呢？

迪拉來到窗戶旁的玻璃鏡前，忽然間，她的眼睛閃耀出喜悅的光彩，快速地解開頭髮，讓它完全垂了下來。

是這個了，這是夫妻倆最寶貴的兩件東西之一，第一件是迪拉的美麗長髮，另一件是老公的金錶。迪拉放下了長過雙膝，像小瀑布般棕色發亮的髮絲，喜悅的光彩閃亮了片刻，眼淚就忍不住滴落了。

不久，她穿上了外套，眼眶泛著淚光，便出門了。

走了快十分鐘的路，迪拉最後站在掛著「蘇鳳尼夫人，各種頭髮用品」的牌子前停下來。

深深吸了一口氣後，她衝了進去，對一位胖胖的夫人說：「您願意買我的頭髮嗎？」

這位蘇鳳尼夫人說：「當然願意，不過，請先脫下帽子讓我看看。」

頓時，一把濃密閃著光芒的棕色髮絲傾瀉而下。

蘇鳳尼夫人一看，眼睛眨都不眨，立即說：「二十元，成交！」

迪拉不假思索即刻回答：「好，請快點給我錢。」

拿著錢，迪拉立即開始尋找要送給老公的耶誕禮物，忽然，她在櫥窗前看見一條白金打造的錶鍊，簡單樸素中不失華貴，她一看就覺得，這是屬於詹姆的。

錢幾乎花光了，她回到家中拿出了捲髮用具，開始整理那個爲了愛而「壯烈」犧牲的頭髮，她猜想著：「詹姆看見了，不知道會有什麼反應？嗯！剩下的一元八角還能做什麼呢？」

七點鐘，咖啡煮好了，煎鍋上的碎牛肉快好了，而詹姆也快回來了！

詹姆一進門，滿臉疲弱憔悴，但是他忽然像獵犬發現獵物一般，眼神突然明亮了起來。

迪拉甜甜地向老公一笑，說道：「親愛的，不要那樣看我，我只是把頭髮賣了，好爲你買一份聖誕禮物，放心，它會再長出來的，相信你不會介意吧？總之，聖誕快樂啊！親愛的，你猜，我爲你買了什麼？」

「妳把頭髮剪了？」詹姆似乎還未清醒！

「是剪下來賣了，這個新髮型你喜歡嗎？」迪拉說。

詹姆彷彿從夢中醒過來，熱情地擁抱著迪拉，隨即從大衣裡拿出一包東西，他說：「迪拉，我不會因爲頭髮的改變而不疼愛妳，只是，妳打開這包東西就知道了。」

迪拉打開一看，原來是一整套的梳子，那是她在百老匯的櫥窗中看過後，一直夢想擁有的梳子組合。

她撫著梳子上的珠寶，想像它在美麗長髮上梳動的情況，然後把梳子抱在胸前，微笑地對凝視著她的老公說：「我的頭髮會長得很快的，謝謝！」

接著，她拿出了昂貴的聖誕禮物：「詹姆，這是我在鎭上找了好久的禮物喔！

從現在起，你隨時都可拿出錶來看了，你快把錶拿出來，看看它和你的金錶搭不搭？」

詹姆只是微笑，卻沒有把金錶拿出來，只是抱著老婆說：「親愛的，我們暫時別管這些聖誕禮物了，因爲它們是這樣的美好，拿出來用實在很可惜。更何況，我已經用手錶換了這組梳子，這件事以後再說囉！我好餓啊！妳的碎肉煎好了嗎？」

對於兩性的婚姻生活，著名的精神分析大師弗洛伊德曾經如此說道：「如果男女雙方不能一開始就身心融合地真誠相愛，那麼，這樣的婚姻瓦解起來，速度比什麼都要快。」

這番話或許可以解釋，爲什麼現代社會的離婚率會節節高昇。是的，正是因爲其中參雜了太多的自私自利。

這對患難夫妻最動人的地方，是在生活最辛苦的時候，彼此的心中仍掛念著要給對方幸福，他們寧願意犧牲自己最珍愛的東西，也要讓另一件有一個快樂的耶誕節。

「貧苦時不必苦惱，因爲我們還有一樣最無價的資產，那便是患難中的眞情。」這是迪拉夫妻倆想跟大家分享的。

不是一家人，不進一家門，既然兩個人都點頭說「我願意」了，也允諾要白頭偕老了，那還有什麼事不能攜手共度的呢？

只要兩個人同心，就沒有解決不了的事！

就算眼前的生活艱苦又如何呢？既然一雙手扶得很辛苦，那就兩雙手一起攜手扶持吧！

給每個人一個愛的擁抱

何不現在就向身邊的人要一個「擁抱」，試一試溫暖擁抱的滋味，感受一下被疼愛的感覺！

擁抱有哪些好處？

根據喜歡擁抱的人說：「擁抱可以讓人感到溫暖、被愛，撫平情緒，還有增進人與人之間的感情。」

心理學家則解釋說，擁抱是彼此建立親密關係的展現，透過擁抱，人與人之間可以激發神奇的力量。

李夏普洛是個退休的法官，樂觀開朗的他很喜歡擁抱的動作，所以他的朋友們都為他取了一個「抱抱法官」的綽號。

六年前，他特地設計了一個自黏式的刺繡小紅心，上面還繡著幾個字：「一顆心換一個擁抱。」

從此，他不只給熟識的朋友們擁抱，經常帶著他的「抱抱小紅心」，四處演講並與人擁抱。隨著越來越多人得到李夏普洛的擁抱，這個「抱抱小紅心」也越來越紅了。

不久，洛杉磯有個地方小報向他挑戰，因為他們認為：「參加擁抱會議的人，當然願意接受擁抱，但是，在冷漠而現實的大城市中，人們還恐怕很難接受陌生的擁抱。」

所以，他們要求法官挑戰洛杉磯的路人。

這天，幾乎所有媒體工作人員都出動了，想看李法官的笑話，大批人跟著李夏普洛到處拍攝。

李夏普洛的第一個對象是位婦人：「嗨！我是李夏普洛，大家都叫我『抱抱法官』。不知道我能不能用這個小紅心與妳交換一個擁抱？」

婦人點了點頭，微笑地答應了。

這時，有人提出異議，認爲單是要求擁抱婦人太容易了。於是，法官看了看四周，正巧看見一位女警正在開罰單，便從容不迫地走上前去，接著向她說：「妳好，我是『抱抱法官』，我想用這個小紅心換妳一個擁抱，可以嗎？」

女警也立即接受了，沒想到立即又有人質疑：「女人總是心軟的，法官，那邊來了一輛公共汽車，聽說洛杉磯的公車司機是最難纏的，你要不要試試，能否從司機身上得到一個擁抱？」

李夏普洛點了點頭，立即上車跟司機說：「您好，我是『抱抱法官』，您每天這樣開車一定非常辛苦吧！我今天很想得到人們的擁抱，希望能找個人互相取暖、鼓勵一下，好卸下心中的擔子，繼續工作。不知道，你需不需要這樣的擁抱呢？」

沒想到，這位高大威猛的司機毫不猶豫地站了起來，大聲地對李夏普洛洛說：「好！」

法官也熱情地給了一個擁抱，還爲司機貼了一張小紅心，從此再也沒有人向他提出質疑了。

有一天，李法官的朋友南茜來拜訪他，希望他能帶著「抱抱小紅心」，一起去探訪殘疾人之家的朋友們。

他們到達之後，便開始分發氣球、帽子、紅心，並且擁抱每一個病人，當他們來到最後一個病床前，看見一件穿著圍兜，神情呆滯的病人。

南茜輕輕地將氣球帽放在他的頭上，而李法官也將一張小紅心貼在他的圍兜，並彎下腰抱一下這個重症病患。

突然間，這個病人突然朗聲大笑，其他的病人聽見了，都紛紛將房間弄得叮噹作響，李法官不解地回頭看著醫護人員，問他們怎麼一回事，豈料卻見到每位醫師和護士全都哭了。

這時，身邊的醫生說：「二十三年了，這是我們第一次看見里奧笑了。」

看著故事，你的雙臂是否也很想張開，與人擁抱呢？

沒有人不喜歡被擁抱，因爲擁抱和微笑一樣，當對方願意與我們微笑、擁抱時，便表示了他們的善意與支持，這些都是快樂生活的最佳能量。

你看，抱抱法官不是告訴我們：「擁抱不僅能拉近兩個人的心，更是卸除生活壓力的最佳良方！」

你懷疑嗎？何不現在就向身邊的人要一個「擁抱」，試一試溫暖擁抱的滋味，感受一下被疼愛的感覺！

關心別人等於關心自己

能關心別人，人們自然也會關心你，當你處處替別人著想時，被關心的人不管走到哪裡，也都會想起你。

日本作家鈴木健二在《人際關係漫談》中告訴我們：「一個人的價值，存在於平凡事物之中，而在日常生活當中得到昇華。他的凝聚點體現了一個人的全部人格和情操。」

一個人的崇高價值，往往展現在發自內心關心別人。

沒有人不需要關心，也沒有人不渴望被關愛，再冷漠的人也一定會有溫柔的一面，只是這份深藏的溫柔，他們只回饋給眞心關愛他的人。

羅絲永遠也不會忘記，媽媽要她參加生日宴會的那一天。

原本羅絲一點也不想參加露西的生日宴會：「媽咪，她是新來的同學，名叫露西，跟我又不熟，而且伯尼斯和帕特也不打算去，她邀請了全班同學，但是似乎沒有一個人要去。」

媽媽仔細地看著這張手工做的請帖，接著說：「孩子，妳應該去的，明天我會幫妳挑一件禮物帶去。」

露西的生日宴會安排在星期六中午，媽媽一大早就把羅絲叫起來，還讓她親自包裝禮物。

羅絲帶著禮物來到露西家，當她跟著露西上樓時，發現露西居然住在如此陡峭而黑暗的樓梯間。

進門之後，羅絲雖然看見了陽光，但是屋裡陳舊的家具與擁擠的小空間，似乎說明了露西的家境。接著，羅絲看見了大蛋糕，與三十六個寫了所有同學名字的紙杯。

羅絲看了看四周，忍不住問：「妳媽媽呢？」

露西低著頭說：「對不起，她有點兒不舒服。」

羅絲體諒地說：「沒關係，那妳爸爸呢？」

露西的頭又更低了：「他去世了。」

聽到這裡，羅絲不敢再發問了，接下來的氣氛有點僵，屋子裡就這樣凝結了大約十五分鐘……

忽然，羅絲聽到了一個抽泣聲，沒想到露西居然哭了起來。八歲的羅絲心中也很難過，同時也對班上其他同學的缺席感到憤怒。羅絲從椅子上跳了下來，大聲地說：「別等他們了，我們快點開始吧！」

露西吃驚地看著羅絲，臉上展露了甜美的笑容，就這樣，兩個小女孩熱熱鬧鬧地玩了起來。她們先從蛋糕開始，露西許了一個願，而羅絲則在旁邊大聲地唱著「生日快樂」。

一轉眼，宴會的結束時間到了，羅絲的媽媽已經在外面按喇叭了，羅絲連忙收拾了所有東西，向露西感謝她的邀請：「謝謝妳！祝妳生日快樂！」

羅絲坐上了車，激動著情緒對媽媽說：「媽媽，我今天好高興喔！露西好喜歡那個我送她的化妝盒喔！明天我一定要告訴每一個人，他們錯過了一個非常盛大的宴會。」

媽媽點了點頭，說：「孩子，我爲妳感到驕傲！」

從這一天開始，羅絲開始懂得一個簡單的道理：「只要我們手牽起手，我們就能成爲最好的朋友！」

幸福快樂的秘訣是關懷週遭的人，而不是精打細算地索求。如果你從不關懷別人，又如何讓自己眞的幸福快樂呢？

羅絲的媽媽從手工卡片中，發現了一個需要關愛的心靈，所以積極鼓勵女兒，參加露西的生日宴會。

當故事來到陡峭、灰黑的樓梯時，我們也證實了羅絲媽媽的判斷，這裡眞的

居住了一個極需照亮的脆弱心靈。從兩個單純的小朋友身上，我們也看見了人與人之間的需求，一個相互取暖與關心的人際互動。

我們都一定有過被人們以冷漠澆熄心中熱情的經驗，看著小露西的遭遇時，你是否也能感同身受？

關心別人等於關心自己，這不是什麼宗教口號，也不是讓人難以理解的哲學思考；能關心別人，人們自然也會關心你，當你處處替別人著想時，被關心的人不管走到哪裡，也都會想起你。

只要我們打心底地疼愛對方，沒有人會不感受到你的「疼」！

過真正舒適的生活

你也有相同的經驗，為了犒賞自己，偶爾買一件珍貴的物品送給自己，但是因為「不捨」，最後一次也沒用著？

爲了維護「完美無缺」，許多女孩花了大把錢，爲自己買了一件昂貴的服飾，結果因爲害怕宴會時弄髒，這件美麗的犒賞便被長久地關在衣櫥裡，再也沒有表現的機會。

這天，妻子對剛剛下班回家的沃爾特說：「親愛的，我認爲，我們應該把家

弄得更舒適些。」

沃爾特不解地問：「現在不舒適嗎？」

妻子解釋著：「我認爲，這間屋子應該好好地裝潢一番，像那些擺設也要重新添購了。我想，你可以把買摩托車的預算交給我，讓我好好地爲這個家改造一下。」

沃爾特不以爲然地想：「這怎麼行？爲了買摩托車，我可是存了快四年，好不容易湊足了一千盧布。」

沃爾特搖搖頭：「妳不覺得，如果我們有了這輛車子，以後就可以到處兜風了嗎？想去哪就去哪，生活不是更舒適了嗎？」

老婆冷笑了一聲：「哈，哪裡會舒適？你不是說，瓦西因爲騎摩托車而摔斷了肋骨嗎？」

沃爾特冷冷地說：「照妳這麼說，我們乾脆都別出門了。」

妻子點了點頭：「只要我把這裡重新裝修後，你就不會想出門了。」

「是嗎？」沃爾特懷疑地問。

「怎麼，你不相信嗎？走著瞧吧！門和窗戶都刷上保加利亞油漆，安上新的把手，裝上英國鎖……」

聽著妻子滔滔不絕地說，他忍不住埋怨道：「這麼裝修，又不知道要花多少錢了！」

妻子連忙說：「一千盧布就夠了。」

沃爾特滿臉悲苦地想：「一千盧布！這要存多久啊！四年來，我連一杯白蘭地都捨不得喝啊！」

這時，妻子又撒嬌地說：「買摩托車的錢你再慢慢賺嘛！不然，我也幫忙存車款囉！你再稍候忍耐一些時候，你想想看，家裡舒適一點不是很好嗎？買個舒服的沙發椅，那你一回家就可以坐著休息，這樣一天的勞累就會消失了呀！」

就這樣，在妻子溫柔的說服下，沃爾特也開始幻想著「舒適的景象」，而夢想中的舒適生活，就這樣開始了……

今天，一切終於完工了，沃爾特也開始準備享受，舒適生活的第一天。

但是，當他一回到家，妻子卻立即警告他：「親愛的，小心點，門不要關得太大聲，還有，你要把鞋子提在手上啊！最好是用報紙包起來，免得鞋底的泥土落到波斯毯上。」

第二天妻子又抱怨說：「你怎麼用那麼髒的手握門把呢？那是新的耶！而且我剛剛才擦過。」

不一會兒，她又叫喊著：「哎喲，你別碰牆壁啊！你看，又髒了！」

第三天，她繼續嘮叨著：「等等，你先別坐在椅子上，我剛才用清潔劑擦過而已。」

「喂！剛下班回來，別一屁股坐在沙發上，如果你想休息的話，就到院子的長凳哪兒吧！」

沃爾特不禁敲了敲頭，喃喃自語：「舒適是件了不起的事，不，那根本是一項神聖不可侵的夢想。」

突然，耳際又傳來老婆的高音：「親愛的，你應該與朋友們斷絕來往了，你一個人在這檜木地板上踩還不夠……」

今晚沃爾特享受了最後一次的「舒適」：「天哪！你看你，把臥室弄成什麼樣子，不行，要是這樣，你就別進房門了，晚安了，親愛的！今晚，你就在走廊過夜吧！」

看完了這個故事，你是不是也覺得很可笑呢？

相信你也有相同的經驗，爲了犒賞自己，偶爾買一件珍貴的物品送給自己，但是，每當你準備拿出來使用時，卻難免像沃爾特太太一樣，因爲「不捨」，最後還是把它鎖回保險櫃中，一次也沒用著？

看一看沃爾特的情況，當妻子塑造了「舒適生活」的環境之後，眞正帶給沃爾特的，卻是痛苦生活的開始啊！

如果，可以問一問沃爾特的話，相信他一定會說：「眞正舒適的生活，就是讓我好好地睡一覺，即使是張破床也行！」

給孩子們多一些肯定

教育從來都沒有公式可以套用，你花多少心思在孩子們的身上，他們便會有多少成長。

法國思想家拉羅什富科說：「人們給予理智、美麗和勇敢的讚揚，增加了它們，完善了它們，使它們做出了更大的貢獻。」

心理學家大都同意，讚揚孩子就是最好的教育方式。

教育是一切的根本，任何一個環節都不能輕忽，孩子們的生活與生命觀念也全靠家庭、學校與社會共同養成，任何環節都無權推卸責任。

拉里是少年管理所的教師，而阿爾文·漢斯則是他的學生，也是他教職生涯中最難忘的孩子。

猶記得第一天上課時，他讓學生們互相介紹、認識，這時有個學生介紹阿爾文時，並沒有使用「阿爾文·漢斯」，而是用「笨蛋」來介紹他的同學。

滿身刺青的「笨蛋」卻一點也不以為意，不過，拉里當時卻很擔心，深怕學生們在課堂上打起架來。

還好什麼事都沒發生，下課時，阿爾文冷冷地跟著人群往外走，當他經過拉里身邊的時候，卻悄悄地塞了一張紙條他。

拉里打開來看，上面寫著：「教授，希培亞說早餐很重要，如果不吃早餐，你身體會受不了。笨蛋。」

拉里與阿爾文就從這張便條紙，開始了他們的師生情誼。

阿爾文上課時相當專心，雖然他很少說話，但是學習卻相當突出，而且幾乎

每天都會交給拉里一張便條紙，裡面總是寫著各式格言或生活建言。

慢慢的，拉里也很習慣這樣的互動模式，只要阿爾文一天沒有送便條，他就會覺得很失落。

學期結束了，阿爾文也順利完成了學業。

拉里在授予結業證書時，握緊了阿爾文的手，說道：「能夠當你的老師是我的榮幸，很少有學生像你這樣努力、認眞，你的學習態度眞的值得讚賞。」

憨直、性情眞摯的阿爾文，激動地說：「謝謝您，您是第一位肯定我的學習態度的老師！」

聽到阿爾文這麼說，拉里心中充滿著感嘆，沒想到在「笨蛋」成長過程中，居然不曾有人鼓勵過他。

看著阿爾文送他的小便條，拉里心疼地想：「沒有人不需要鼓勵，如果多給學生一些正面、積極的肯定，肯定他們的生命價値，相信每一個學生都會做出正確的事，並能成爲社會上有用的人，不再有人誤入歧途。」

故事中的阿爾文是幸運的，因爲他遇見了拉里，而拉里給了他新的生命價值與肯定，讓他看見了人生的希望，與正確的人生方向。

教育原本就不是件簡單輕鬆的事，沒有人可以輕忽，也沒有人能寄託於別人，因爲，教育不只是狹礙的書本教育，還包括了身教與言教，包含了你我人生態度的潛移默化。

教育從來都沒有公式可以套用，你花多少心思在孩子們的身上，他們便會有多少成長，他們無法預料遇見「拉里」的時候，但是只要你願意，現在我們就可以成爲孩子們的「拉里」。

3
PART

把握稍縱即逝的幸福滋味

幸福就在我們的身邊，
微風也經常輕拂著街邊的樹梢，
或輕輕撥落枯葉，
為街景與你我增添幾許幸福與浪漫。

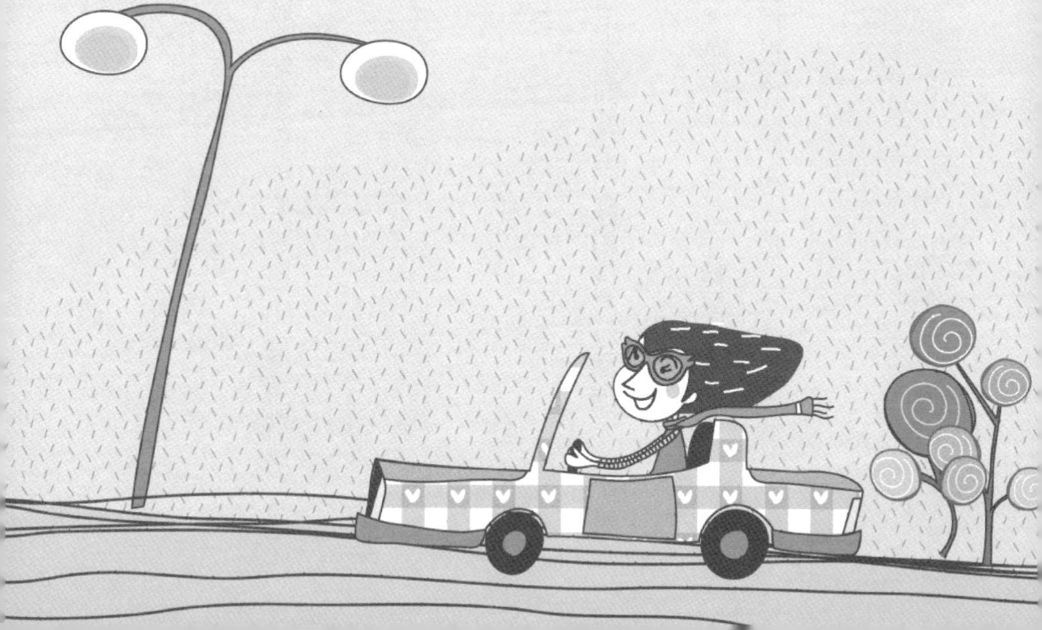

平靜的視角，會讓所有事情化小

不要把問題看作是嚴重的問題，不要去計較別人對你的不公平對待，那麼你將會發現眼前根本沒有什麼可以阻礙你。

人們經常有的一個錯誤迷思，就是遇到一點小小的麻煩，就相信自己遭遇不公平對待，氣憤地覺得「天底下怎麼會有這種事」！

事實上，公不公平是很主觀的認知，也一直隨著時空背景而轉變。你認爲的不公平，或許在別人眼中已經相當公平；你認爲很糟糕的事，或許別人會認爲你是人在福中不知福。

約翰年輕的時候，在一家餐館打工。

這家餐館供應員工晚餐，但是伙食費要從薪水裡頭扣除。有一回，連續一個星期，每天的員工晚餐都是同樣的東西：兩根香腸、一堆沒有賣完的泡菜和不新鮮的麵包捲。

對此約翰感到非常生氣，明明是自己花錢吃的食物，爲什麼待遇這麼差呢？

他悶悶不樂了一整個禮拜，一直到星期五的晚上，約翰走進廚房，看到冰箱上貼著一張便條，是餐廳老闆寫給廚師的，紙條上寫著，下個禮拜員工的晚餐依然是香腸和泡菜。

約翰看到這裡，終於忍無可忍。他很想要去找餐廳老闆理論，但是他沒有那個膽識，只好向和他一起工作的同事，一名新來上夜班的清潔工宣洩。

「我眞是再也受不了了，每天都吃一樣的食物，還要我付帳！我眞想把那些香腸和泡菜送到老闆家門口，要他也連續吃一個禮拜看看，天哪，這家餐廳眞不是人待的，這家餐廳的老闆還眞是沒有人性……」

約翰就這樣滔滔不絕地罵了好幾分鐘。一直到他發洩完，年邁的清潔工才心平氣和地告訴他說，他年輕的時候，曾經在德國納粹集中營關過三年，最後僥倖死裡逃生。他喜歡在這間餐廳工作，因爲他沒有家人，來上夜班可以讓他感覺不那麼寂寞。而且每天都還有香腸和泡菜可以吃，那是他過去每天朝思暮想能吃到卻吃不到的東西啊。

接著，清潔工轉過頭，向約翰說道：「你知道嗎？你的問題其實不是出在香腸和泡菜，也不是出在老闆，甚至不是出在這份工作上面，你知不知道你的問題在哪裡嗎？」

約翰茫然地搖了搖頭。

清潔工於是語重心長地說：「你的問題，就在於你不知道『不便』和『困難』的分別。如果你缺手斷腳，或是家裡被火燒了，沒有飯吃，那麼你的生活的確很困難。至於其他的問題，那其實都只會帶給你一些小小的不便而已。記住，我們的生活總是充滿了各式各樣的難題，只要你學習把『不便』和『困難』分開，你就會活得快樂一點，而且不會替自己惹上太多麻煩。希望你能聽得懂我的話，快去努力工作吧。」

我們總是習慣把自己遇到的小問題放得很大，我們總是以爲自己遭到的是不公平的對待，卻沒有想過，我們把眼前的小小不便當成障礙，或許是因爲我們從未遇到眞正的障礙；我們口口聲聲埋怨別人對自己不好，說不定是因爲我們自己也從未好好對待過別人。

怨天尤人並不能解決問題，也不會讓自己比較快樂。相反的，不要把問題看作是嚴重的問題，不要去計較別人對你的不公平對待，那麼你將會發現眼前根本沒有什麼可以阻礙你。

家是永遠的依靠

親情是最可靠的臂膀，就連動物們也知道，父母是孩子們的唯一靠山，只要遇見危險都會不顧一切地救助孩子。

家是父母親為孩子們打造的城堡，不管它是富麗堂皇還是簡陋寒傖，裡頭都有著最溫暖的關懷。

家永遠包容著孩子，讓孩子們在遭遇挫折、悲傷失望之時獲得慰藉，激發全新的自信與力量。

當我們遇見困難或在外面受了委屈，在最傷心無助時，父母親總是會適時出現身邊，用熟悉而溫暖的聲音，安慰我們：「沒關係，回家就好！放心，我們永遠支持你！」

瑪利亞的房子雖然不大，但是空間已經夠他們母女倆運用了。屋頂鋪著紅色的磚石，在瑪利亞和女兒克里絲汀的細心維護下，單調的牆面早已粉刷各式色彩，地板上也添了好幾張母女倆親手編織的地毯，因爲母女連心，讓屋子充滿了溫暖的情意。

瑪利亞的丈夫在克里絲汀襁褓時就去世了，當年還很年輕的瑪利亞，爲女兒沒有再婚，決定獨力扶養失去父愛的小女兒。

她們相依爲命了十五年，最難熬的日子總算過去了！

已經成年的克里絲汀，個性像她的母親一樣倔強而獨立，由於她經常跟媽媽一起到城裡去，這讓她經常夢想著，有一天要離開家鄉，到繁華的都市中尋找自己的人生。

但是，了解女兒個性的瑪利亞，卻很擔心女兒無法適應艱難的都市步調。她常對女兒說：「那裡的人不認識妳，工作難找，人們也很冷漠無情，妳想一想，妳在那裡能憑什麼謀生？」

但是，克里絲汀怎麼也聽不進母親的勸告，就在母親勸說後的第四天，收拾了行李，悄悄離開了家鄉，離開了親愛的母親。

當瑪利亞發現時，心都碎了，她知道女兒去了哪裡，也知道要到哪兒去找她，於是她立刻帶了所有的錢，到城裡尋找她的心肝寶貝。

瑪利亞知道，克里絲汀很難在城市裡謀生，更知道個性倔強的女兒，是不會輕易放棄的。瑪利亞情不自禁擔心地想：「她會不會爲餬口飯吃，做出傷害自己的事情？」

瑪利亞走遍了各家酒吧、夜總會，甚至是流浪者經常出入的地方，每經過一個地方，都留下了自己的照片，並寫了一句話。

不久錢用完了，照片也用光了，瑪利亞只得回家，一身疲憊的瑪利亞，忍不住在巴士上哭了，而且是一路哭回故鄉。

就在瑪利亞坐上車子時，克里絲汀正巧走下了酒店樓梯，這些日子以來，她的青春似乎消失了，棕色的雙眼不再閃耀著光芒，有的只是痛苦與恐懼，因爲，她眞的墮入了母親最擔心的環境中。

每當她睡在無數張陌生的床上時，總是想起家裡的小床，還有一條已經變得很遙遠的故鄉路。

就在她走到樓梯的最後一階時，發現有一張照片印著熟悉的臉龐，克里絲汀連忙跑到照片前，仔細一看，照片上貼的果然是想念已久的母親照片。

克里絲汀的情緒頓時潰堤，無法控制的淚水直流，她撕下了照片，發現照片後面寫了一句話：「孩子，無論妳做了什麼事，或是成爲怎麼樣的人，都沒關係，請回家吧！媽媽等妳！」

「媽咪！」克里絲汀大喊了一聲，立即跑到車站搭車返回家鄉，這一路，她也是哭著回家的。

無論過去多麼不堪，眼前多麼難熬，人都要及時調整自己的心境，讓自己從

黑暗走向光明。只要你願意放下痛苦，願意嘗試用微笑面對，就能細細咀嚼生活中的各種幸福滋味。

親情是世界上最可靠的臂膀，就連動物們也知道，父母是孩子們的唯一靠山，只要遇見危險，牠們都會不顧一切地救助孩子。

人類的親情也是如此，特別是我們的父母，他們就像故事中的瑪利亞，一切只爲了親愛的孩子。

父母親源源不絕的愛與包容，不斷地擁抱著我們，即使我們已老態龍鍾，在他們的眼中，我們仍然是個長不大的小孩，仍懷著慈愛的心要繼續提供我們「無盡的依靠」。

那我們呢？什麼時候也回應他們相同的臂膀與依靠呢？

好好地享受你的生活

東西買了就用，特別是那些美麗華貴的器具，我們買來的目的不就是為了增添生活情趣，讓生活更美麗嗎？

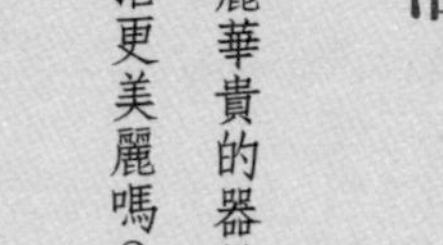

如果你各有一套一千塊和五十塊的杯組，在日常生活中，你會挑選哪一個來用？再者，如果今天友人來訪，你又會拿出哪一套來使用呢？認眞地想一想，因爲答案代表著，你是否懂得如何享受生活。

貝蒂的母親每天都會請她做一件事：「孩子，去把那些美麗的瓷器拿出來，

整齊地放在餐桌上吧！」

有一天黃昏，貝蒂正在佈置餐桌時，瑪姬忽然來訪。瑪姬敲了敲門，便走了進來，當她看見貝蒂家的餐桌佈置得這麼雅緻，忍不住問道：「妳們有客人要來吧？那我等會兒再來好了。」

貝蒂的母親連忙說：「沒有，我們今天沒有客人。」

這會，瑪姬有點困惑了，問道：「沒有客人？那麼妳們怎麼把最好的瓷器全擺出來了呢？像這樣的餐具，我家每年只拿出來兩次。」

貝蒂的母親笑著說：「喔！因為我正在準備家人最喜歡吃的菜。試問，如果妳願意為客人特別佈置餐桌，那為什麼不為自己的家人這樣做呢？我認為他們比任何客人都要特別，而且重要，不是嗎？」

瑪姬似乎還是不大明白：「這樣說是沒錯，但是，萬一這些漂亮的瓷器打破的話……」

貝蒂的母親立即接口說：「喔！即使打破了也沒關係啊！妳想想，那些瓷器跟一家人聚餐比較，哪一個珍貴呢？再想想，能夠使用這些可愛的碟子進餐，不是很幸福快樂嗎？」

頓了一下，貝蒂的母親又說：「有裂痕也不錯呢！因爲，每個裂痕都會有一個故事，不是嗎？」

貝蒂也笑著要媽媽說故事，拿出一個碎裂後又一塊一塊地拼回的盤子，在那些參差不齊的接合處，還留有著膠水凝固的痕跡。

母親看著貝蒂，點了點頭說：「妳看這個盤子，那是當年我們把小兒子馬克從醫院帶回家那天打破的。那天很冷，風很大，六歲的貝蒂想幫忙把這個盤子拿到洗碗槽，卻不小心掉到地上了。當時我嚇了一跳，但是我告訴自己：『這只是個盤子，我不可以讓一個破盤子，影響我們家迎接新生兒的快樂。』我還記得，那一天全家人用膠水努力地將它拼起來時的氣氛，是那樣的有趣、愉快！」

看著貝蒂家的生活態度，你是否也決定了，等會兒立即拿出收藏已久的珍貴器皿，享受一個華貴的生活呢？

相信你也曾經這麼說：「這件衣服我買了快一萬塊耶！我一定要珍惜，穿上它參加特殊宴會。」

但是，所謂的特殊宴會往往好幾年才遇見一次，幾年過後，不是這件衣服泛黃變舊了，就是因爲你的身材已經變樣，最後連穿的機會也沒有，更別提享受美麗的時刻。

你是否也是如此呢？

不如學習貝蒂家的生活態度吧！東西買了就用，特別是那些美麗華貴的器具，我們買來的目的不就是爲了增添生活情趣，讓生活更美麗嗎？

愛他就不應該有猜疑

給至親的人多一點信心與信任感吧！因為，如果連夫妻之間都溝通不良的話，我們的人際關係恐怕也要不及格了。

心靈的感受中，比痛苦更糟糕的事情是猜疑，就像培根所說的：「心思中的猜疑猶如蝙蝠，永遠在昏暗中飛行。」

因爲不信任對方，人與人之間經常發生著猜疑，一旦溝通不良，最後將導致誤會，甚至仇對。

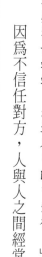

奧雷特在起居室裡伸展了一下，接著便順手拿起一封信拆開，那是一張百貨商店寄來的帳單，裡面寫著「一百七十五美元」。

奧雷特大吃一驚：「他們一定弄錯了，我們從來都沒有花這麼多錢，況且我們爲了買下這幢房子，正努力地節省每一分錢。」

「珍妮特，」奧雷特大聲地喊著：「妳快來看，百貨商店肯定搞錯了，他們居然寄了一張一百七十五美元的帳單來，明天妳能不能打個電話去問一下到底是什麼情況？」

珍妮特聽見老公這麼喊著，慢慢地放下雜誌，呆呆地看著奧雷特。這時，奧雷特也意識到，這筆錢原來不是百貨公司弄錯了，問道：「妳怎麼不跟我商量就花了一百七十五美元？」

珍妮特勉強笑了笑：「我拿我自己的薪水付。」

「付什麼？」這是奧雷特最想知道的。

這時，珍妮特有點微惱地回答說：「我不想告訴你，那只不過是我自己想買的一些東西。」

奧雷特也發火了：「快說，這張帳單到底買了什麼？我有權知道！」

珍妮特吐了口氣，安撫著老公：「別這樣，這幾個星期你太勞累了，別想那麼多事情。」

沒想到奧雷特一點也不領情，他又問：「妳拒絕回答嗎？」

「嫁給你，並不意味著我不能有自己的私事。」珍妮特訥訥地說。

這時，奧雷特忽然想起了那條「貂皮圍巾」，因爲一個月前，珍妮特曾經嚷過要買那條圍巾。

奧雷特這麼一想，更加生氣：「我知道妳買什麼了，妳就只想著自己，根本不考慮我們的共同利益！我一直以爲妳是個好妻子，今天我才知道，妳和那些亂花錢的女人根本沒兩樣！」

珍妮特從床上跳下來，瞪大了眼問：「你是這樣看我的嗎？」

「沒錯！」珍妮特的問話使奧雷特更加惱怒，勃然大怒地說：「我眞後悔沒有早一點知道這點。」

珍妮特失望地說：「你知道自己在說什麼嗎？你連結婚意味著什麼也不懂，

眞該好好地反省一下。我要回娘家去，再也不想見到你了！」

怒火中燒的奧雷特，立即回應道：「好，如果妳連坦誠都做不到的話，那就隨妳去好了。」

第二天，上班的時候，有個同事笑著對奧雷特說：「奧雷特，你從前常打高爾夫球，不是嗎？」

奧雷特悶悶地點了點頭說：「是啊！」

於是同事便邀他一起去打球，他想：「也好，這樣能減少一些懊惱。」

下午奧雷特買了球和球桿回家練習，回到家中練球時，有一顆球忽然滾進了臥室，正巧溜進了珍妮特的壁櫥。

當他跪在地上尋找時，忽然碰到了一只沉重的箱子，他拉出來打開一看，沒想到卻大吃一驚。

這是他夢寐已久的高爾夫球組啊！

就在此刻，奧雷特想起來了，下個星期二是他們的結婚週年紀念日，而珍妮特總是喜歡給人意外驚喜……

故事中的兩個人，讓你看見了什麼問題呢？

曾經有位社會系教授指出，當社會發展中充斥著對人的不信任感時，將會助長偷窺慾的發生。

當人們越來越注重對人的防備，無形中也醜化了人性中的良善本質，於是人性的醜惡面被強化了，人與人之間的猜疑也變得越來越多。

其實，許多夫妻都像奧雷特與珍妮特一樣，因爲一個小猜疑，因爲沒有好好地溝通，最後讓夫妻間的感情亮起了紅燈，最後形成破碎的家庭。

爲什麼不坐下來，好好地聊一聊呢？

給至親的人多一點信心與信任感吧！因爲，如果連夫妻之間都溝通不良的話，我們的人際關係恐怕也要不及格了。

「愛」就是要大聲說出來

勇敢地把心中的愛說出口，你的溝通就不會再出現問題，你的人際關係也會比從前更好，因為沒有人能拒絕你的「愛」！

愛一個人，就要讓他知道，因爲，你永遠不知道什麼時候會失去，也永遠不知道，原來把「愛」說出口後，生活會有這麼大的轉變，而距離也可以拉得這麼親近。

雅芳剛剛讀完了一本養育子女的書，放下書，忽然覺得自己是個很不稱職的

媽媽，有點自責的她，來到樓上看一看兒子。

此時心中有許多話想說，但是當她敲門之後，又忍不住畏縮起來，只簡單地開口問：「兒子，你有空嗎？」

兒子出來開門，說：「媽媽，我隨時都有時間給妳。」

雅芳尷尬地笑著，支支吾吾地對他說：「孩子，你知道，我……真的很喜歡你打鼓的樣子。」

兒子開心地問：「真的嗎？謝謝！」

說完了話，她便轉身離開，但是才走了三個階梯，便想到自己要說的話都沒有說。於是，她又回到樓上，再次敲門：「是媽媽！你還有時間嗎？」

兒子說：「媽，什麼事呢？」

雅芳走進兒子的房間，並坐在床邊：「我想跟你說些話，我是……你爸和我，我們都覺得你很了不起。」

兒子看著有點怪怪的母親，不解地重複著：「妳跟爸？」

她說：「是的！」

兒子點了點頭，乖巧地說：「我知道了，謝謝媽咪！」

她起身，又離開了，但是走到一半，又想到自己還是沒有把心中的話說出來，因爲，她是要告訴孩子：「我愛你！」

於是，她再次上樓，這一次因爲腳步聲大太了，兒子在她還未敲門前便大聲說：「媽咪，妳到底有什麼事？」

母親笑著來到兒子的房間：「兒子！我試了兩次，沒想到都沒有說出口。我是想上來告訴你，我眞的很愛你！」

兒子聽見靦腆的母親這麼說，忍不住上前抱住了她，親熱地對她說：「媽，我也愛妳！」

雅芳舒了一口氣，因爲她終於把話說出來了。

正當她正要下樓梯之時，兒子卻探出頭來問：「媽咪，妳有時間嗎？」

她笑著說：「當然有！」

兒子笑笑地問道：「媽咪，妳是不是剛剛參加什麼研習會回來呀？」

你是否也像雅芳一樣，「愛在心裡口難開」呢？

人們總是不敢明確地表達心中的愛，原因很多，其中最常見到的便是形象的問題，就像許多嚴父擔心說出這個「愛」字，會破壞了父親嚴謹的形象，少了父親的威嚴。

其實，這一點我們根本不必擔心，因爲愛他，就是要大聲地說出口，即使你塑造的是高高在上的嚴肅形象，說出了心中的愛與肯定，並不會影響人們對你的觀感，甚至還會爲你的形象加分。

只要你能夠勇敢地把心中的愛說出口，你的溝通就不會再出現問題，你的人際關係也會比從前更好，因爲沒有人能拒絕你的「愛」！

充滿自信就會迷人

還在尋找美麗的你，不妨仔細地看著鏡中的自己，並輕輕地給自己一個微笑，和別人一起分享你的自信風采。

現實生活中最可憐的人，無疑就是那些對自己的外貌缺乏信心，習慣用世俗的審美眼光看自己的人。

美與醜並沒有具體的標準，美麗是一種結合視覺與心靈的感受，真正懂得欣賞美麗的人，只想看見「讓人舒服的感覺」，以及從對方身上散發出來的那股自信美！

在艾麗絲的眼前出現了一些絲帶，上面附了一個牌子：「這裡什麼顏色都有，不妨挑一個適合你個性的顏色吧！」

艾麗絲猶豫地站了一會，這時店裡的售貨員走了出來：「親愛的，這個絲帶非常適合妳啊！」

「對不起，我媽媽不會允許我戴的。」艾麗斯回答道，但是她卻被一條綠色的緞帶吸引住了。

女售貨員聽了這話，嘆息著：「孩子，妳有這麼美麗金髮，戴上它一定非常好看。」

因爲售貨員的這幾句話，艾麗絲忍不住拿下一個蝴蝶結試戴。這時，女售貨員建議她：「親愛的，把蝴蝶結綁前面一點，記住，如果妳戴上它時，妳就要明顯地表現出來，因爲沒有人比妳更適合戴它，來，勇敢地抬起頭來。」

艾麗絲照著售貨員的話，又重新戴了一次，售貨員笑著說：「很好，妳看，妳是多迷人啊！」

「那，我想買它。」艾麗絲小聲地說。

「孩子，相信妳是最迷人的，知道嗎？」售貨員繼續說。

艾麗絲點了點頭，但是，她卻為了第一次獨自購物而顯得心慌，只見她立即奔出了門口，還差點在門口轉角撞了人。忽然，她發現有人在後面追她，心想：「不會是為了這條緞帶吧？」

她看看四周，只聽到有人在喊她，卻不見人影，嚇得她拔腿就跑，直到另一條街區才停下了來。

這時，她來到了卡森雜貨店門口，也看見人見人愛的伯特，正酷酷地坐在哪兒。艾麗絲到另一端坐下，這時，她感覺到伯特正在看她。

艾麗絲想起了售貨員的話，忍不住挺地了身子，抬起頭向伯特微笑。

「嗨，艾麗絲！」伯特向她打了個招呼。

艾麗絲裝出吃驚的模樣：「嗨！伯特，你在這兒多久了啊？」

伯特笑著說：「快一輩子了，因為我在等妳。」

艾麗絲一聽，笑了出來，認為是頭上的緞帶給了她風采，於是開心地說：「眞的嗎？」

不一會兒，伯特來到她身邊，因爲他剛剛才注意到她有著明顯的不同：「妳的髮型有點不同？」

艾麗絲問：「你只注意到這個嗎？」

伯特笑著說：「不是，因爲妳抬起頭時，似乎要我對妳注意一下，看看妳有什麼不同。」

艾麗絲臉紅地說：「我沒有啊？」

伯特道歉地說：「其實，是我喜歡看到妳抬起頭的樣子。」

接下來發生的事，完全令艾麗絲不敢相信，因爲萬人迷的伯特居然邀她跳舞，而且還主動送她回家。

回到家裡，艾麗絲立即站在鏡子前面，想好好地欣賞自己戴著綠色緞帶時的樣子，但是，令她驚奇的是，在她的頭上居然什麼都沒有。

原來，在她衝出門口，差點撞倒人時，綠色緞帶早已經掉了。

關於「美麗」，有位作家曾說：「給自己一個接近『完美的期許』，但是不要給自己一個『完美的絕望』。」

這是因爲，帶著「期許」的人會充滿朝氣對自己說：「有一天，我會成爲世界上最美麗的人！」

在這個期許中，他們會積極地加入自信，就像艾麗絲遇見伯特後的「信心大增」，因爲無形髮帶所激起的自信美，讓她散發出迷人的風采。

至於「絕望」的人，他們只會對著鏡中的自己說：「唉！爲什麼我長得這麼醜？爲什麼他長得這麼漂亮？」因爲絕望，因爲討厭自己的外貌，他們不懂否定了自己，更讓自卑孳生，總是壓低了頭，放棄了自己。

所以，還在尋找美麗的你，不妨仔細地看著鏡中的自己，並輕輕地給自己一個微笑。如果你的感覺很舒服，又發現臉上的小缺點其實蠻可愛的話，那麼請帶著這個微笑出門，和別人一起分享你的自信風采。

把握稍縱即逝的幸福滋味

幸福就在我們的身邊，微風也經常輕拂著街邊的樹梢，或輕輕撥落枯葉，為街景與你我增添幾許幸福與浪漫。

所謂的幸福，是相對於痛苦的一種心靈感受。

幸福其實無所不在，我們之所以覺得痛苦，覺得不快樂，是因爲我們不懂得用湛然純眞的心情去欣賞大自然的恩賜。

天地自然的單純與眞實，是上天賦予人類最重要的生活資源，這些也是習慣了矯飾與僞裝的人們，最欣羡的自然美。

林德斯佳看了一眼廚房的掛鐘，心想：「如果再快一點的話，也許能在老公回家前把衣服熨好。」

她停了一下，擦擦臉上的汗水，因爲今年的四月比往年更燥熱，也使人更容易心情煩躁。

當林德斯佳俯下身，從籃子裡拎起一件襯衣時，聽見蒂姆在門口大聲地喊叫著：「媽媽，快來呀！」

林德斯佳聽見蒂姆急切的叫喊聲，便立刻拔下熨斗的插頭，快步奔了出去，只見蒂姆站在台階上，手指含在嘴裡。

看上去，顯然沒有什麼急事，林德斯佳不解地問兒子：「什麼事？你不知道我正在忙嗎？」

蒂姆拉著媽媽，低聲地說：「媽咪，妳聽，那是什麼聲音？」

不一會兒，林德斯佳也聽到一個模糊的聲音，那是從樹林中慢慢傳過來的。

突然，她聽清楚了：「那是雨啊！兒子。」

忽然間，林德斯佳整個人因爲這個雨聲而輕鬆了起來，相當開心地說：「蒂姆，雨來了！」

話才剛說完，驟雨已毫不客氣地傾盆而下。

林德斯佳抱起了蒂姆，一起聆聽著那雨點落下的劈啪聲，看著院子裡積聚著的雨水，她忍不住丟掉鞋子，抱著兒子一起光著腳，在雨中踩踏。

「好舒服喔！對不對？孩子，多麼涼爽、新鮮啊！」

第一次看見雨滴由遠至近地出現，也第一次在這麼酷熱的氣候中，等到雨水的澆淋，這些第一次，讓林德斯佳有著前所未有的感受，當然也包括與兒子共享的雨中即景！

過了好多年，那天傍晚的快樂還是深刻地留在她的心裡，那是林德斯佳最難忘的記憶。

那蒂姆呢？

他長大了，也離開了家鄉，不過，每當他回到家中，幫助整理院子的雜草時，他都會小心翼翼地維護那些經過春雨滋潤的紫羅蘭。

燥熱的午后下雨了，你是否也會像林德斯佳一樣，放下手邊的工作，觀賞片刻的雨中即景？

如果你是喜歡大自然的人，不必等到休假的時候，才到森林或海邊享受大自然的美麗，因爲，自然一直在我們的身邊，只是我們沒有隨時準備好享受自然的「好心情」。

就像林德斯佳一樣，如果當時她只想著早點把工作做完，不去理會兒子的驚呼與發現，並放下工作與兒子雨中嬉戲，也許她就不會有這麼一個難忘的幸福感覺，不是嗎？

其實，幸福就在我們的身邊，微風也經常輕拂著街邊的樹梢，或輕輕撥落枯葉，爲街景與你我增添幾許幸福與浪漫。

幸福就是最好的禮物

我們是否牽掛及在乎身邊的人呢？與其收到行事例上被迫記憶的禮物，不如期待他們時刻將你掛在心上，不是嗎？

德國作家海澤在《台伯河畔》一書中寫道：「人們相互希望得到越多，想要給予對方的越多，就必定越親密。」

這段話提醒我們，親愛的家人之間，相互期望越高，惦記越多，給予越多，彼此的感情就會越濃厚。

如果只能選擇一項，你希望水果盤上盛出來的，是滿盤敷衍的珠寶，還是一盤親手燉煮的幸福簡餐？

經常買禮物給老婆的科爾，原本不打算再送老婆任何禮物了，但是當他看見這個玻璃水果盤，卻忍不住多看了幾眼：「這水果盤眞漂亮！」

當售貨員問他：「要不要看看這個水果盤呢？」

科爾這才突然想起，自己身上的錢不多，連忙抱歉地說：「今天不買了，謝謝，下次吧！」

第二天早上，科爾準備出門上班時，發現老婆大人似乎有些心事。

科爾擔心地問：「老婆，妳是不是不舒服？」

科拉搖搖頭：「我沒事，快上班去吧！」

雖然科拉說沒事，但是疼老婆的科爾，卻覺得老婆有事瞞著他。只是，到底是什麼事情呢？

科爾望著車窗外，心裡想著：「是不是我說錯話了？如果她不喜歡，平常都會說出來的，會是什麼事呢？」

掛心了一天，下班時，科爾又經過了昨天的商店，這時他想起那個水果盤：

「相信老婆看到了它，不管什麼煩惱都會忘了。」

於是，科爾走進店裡，買下了美麗的水果盤。

一如科爾所預期的，當科拉打開紙盒，看到美麗的水果盤時高興得叫了出來。

科拉感動地說：「我還以爲你忘了。」

「忘了？」科爾小聲地自問。

完全沉醉在老公的禮物中的科拉，繼續說：「看來，你比我記得更清楚。早上我看見你態度那麼冷淡，還以爲你忘了，這讓我有點傷心。現在我才知道，原來你是在捉弄我。」

「今天究竟是什麼日子？」科爾內心不斷想著，表面上還是用傻笑來回應老婆的「誤會」。

科拉開心地說：「眞好看，這是我見過的最漂亮的水果盤，能在結婚週年收到這樣的禮物，我眞的好幸福！」

科爾一聽，這才恍然大悟，他迎接著老婆的吻，心中卻惱著自己：「原來今天是結婚五週年的日子，我怎麼這麼大意？還好我買了這個水果盤！」

科爾因爲老婆的心情不佳，而惦掛了一天，我們便可以大膽預料：「科拉會是個永遠幸福的女人！」

其實，科拉可以不必在意那些紀念日，不過，從故事中，我們可以看見科爾的心思：「只要老婆開心，每天都是最重要的日子。」

再轉身回來，看看我們自己，看看身邊的他，捫心自問是否也如此牽掛及在乎身邊的人呢？

其實，與其收到行事例上被迫記憶的禮物，不如期待他們時時刻刻將你掛在心上，不是嗎？

4 PART

讓過去成爲美麗的回憶

總是弔念著錯過的你，

別再怨嘆著已逝的過去，

我們永遠無法預視未來，

這樣的結果，

反而能為你留下「最美的記憶」。

想圓夢，就要採取行動

時間隨時都會過去，我們真正能掌握的，就只有當下這一刻，如果希望看見夢想的明天，我們都應該從現在開始！

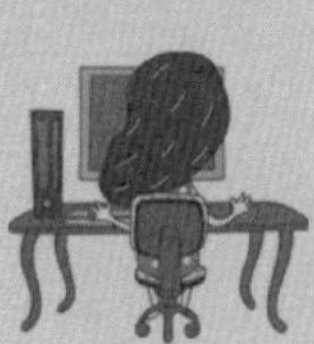

法國作家安德烈．馬爾羅在《寂靜的聲音》一書中寫著：「一個人只有在努力使自己昇華時，才能成為真正的人。」

一個人想要實踐自己的人生價值，就必須看重自己，看重自己正在從事的工作，全心全力地投入。

你還在等待什麼？

當地球未曾遲疑地繼續運轉時，還在等待的人眞正等待著的，不是機會，而是一天又過一天。

從小就喜歡挑戰的葛林，在同齡孩子們只知玩樂的時候，就已經開始規劃自己的未來了。他告訴自己：「我要變得更獨立，要走遍這個國家，並實現自己的計劃。」

十五歲時，他每下課都要做三份工作，因爲他想要存錢買摩托車，並早日實現走遍全國的夢想。

當新摩托車在他眼前出現，也開始改變葛林的未來。

只要葛林一有時間，他就會騎著車子，在山路上享受騎乘的樂趣，在這期間，他發現許多的新奇事物，包括不同時候與地點所看見的朝日與落日。

非常喜愛騎車的葛林，兩年間換了五部摩托車，也在十七歲那年，獨自一人騎車到阿拉斯加，征服了一千公里的流漠公路。

許多人都嘲諷他：「你根本是浪費時間！」

但是，志向堅定的葛林，卻對自己說：「如果我再不開始，就永遠都沒有機會了，現在不做，要等到什麼時候才能開始呢？」

一路下來，葛林遇見了許多人，也享受著各種不同的生活形態，不管是荒郊野地，或是寂靜的沙漠區。葛林每天都感謝上帝賜予他挑戰自己的機會，但很不幸地，二十三歲的那年，他在拉加那海邊的路上發生了一場意外，從此半身不遂。

在醫院躺了八個月的葛林，出院後離了婚，也無法回到原來的工作崗位，面對無盡的痛苦與無情的輪椅，葛林也看見了即將離他而去的夢想。

就在他失望之際，心中忽然又有了新的計劃，幸運的他，這次卻獲得了許多人的幫助和支持。每當葛林騎著特製的機車，回想起自己所有的經歷，他總是會說：「我是幸福的！」

你最想做的事情是什麼？還有，你開始行動了嗎？

無論如何，想做就立刻做吧！即使是站在烏煙瘴氣的十字路口，你也要懂得享受生命，因爲，我們無法預料到，下一秒鐘的我們是否能和現在一樣，經過相同的地方，做相同的事。

沒有開始，就不會有結果，還沒有跨出夢想腳步的人，就沒有資格「說夢想」，這些都是葛林在故事中要告訴我們的。

時間隨時都會過去，我們眞正能掌握的，就只有當下這一刻，如果希望看見夢想的明天，我們都應該從現在開始！

讓過去成為美麗的回憶

總是弔念著錯過的你，別再怨嘆著已逝的過去，我們永遠無法預視未來，這樣的結果，反而能為你留下「最美的記憶」。

生活中，你總是擔心著「錯過」嗎？

不必擔心那麼多，因爲，如果沒有這些「錯過」的經驗，我們又怎能學會「珍惜」，心中又麼會有那麼多的美麗回憶。

漢德斯曾經深愛的一個女孩，名叫雷琪兒。

雷琪兒的一舉一動，總是牽引著漢德斯的視線與他的心，可惜的是，這似乎只是漢德斯的單戀。

中學畢業以後，女孩上了大學，漢德斯則加入了軍隊。

第二次世界大戰時，他被派到海外，在那些分別的日子裡，他們仍然保持通信，接到雷琪兒的信，是陪漢德斯熬過漫長戰火歲月的唯一慰藉。

有一天，雷琪兒寄來了一張泳照，看著美麗依然的愛人，漢德斯心中不斷地聯想著：「這樣的天使，我能給她怎樣的幸福呢？」

但在這一封回信中，漢德斯卻騙她說：「我結婚了。」

從此，雷琪兒的信越來越少，也不再那麼熱情了。

戰爭結束後，漢德斯回到美國的第一件事，便是找雷琪兒。

不過，她的母親卻相當冷淡地告訴他：「她已經嫁給一位醫生了，我以為她已經寫信告訴你了。」

就這樣，兩個人從此分離，再也沒有互通訊息，不久之後，漢德斯也真的「結婚」了。

歲月如梭，事隔四十多年後，漢德斯接到了雷琪兒丈夫去世的消息，而雷琪兒也回到了家鄉，打聽了漢德斯的消息。

漢德斯從來沒有想到，兩個人還會有見面的一天。只是，漢德斯見到的，卻是位白髮蒼蒼的老婦人：「這就是我難忘的雷琪兒嗎？她眞是我心中貌美如花的女孩嗎？」

兩個人像老朋友一般地敘舊，說著說著，雷琪兒忽然拿出了一張殘破的紙：「你還記得這個嗎？」

那是他在中學時寫給她的一首詩，漢德斯仔細看著不工整的詩句，那段記憶忽然全都湧上心頭。

漢德斯嘆了口氣說：「打仗時，妳的照片我一直帶在身邊。」

雷琪兒終於了解了眞相，離開前，轉身對他說：「我有句話想告訴你，謝謝你曾那樣愛我。」

漢德斯一聽，整個人都呆住了，站在冷風中，他撫著女孩曾經留下的吻，此刻似乎仍然溫熱著……

是因爲戰爭讓兩個相愛的人分離，還是因爲戰爭拉近兩個人的距離？

認爲自己是單相思的漢德斯，一直都未發現，其實雷琪兒早已接納了他，不然又怎麼會寄上照片，一解他的相思苦？

說漢德斯是個呆頭鵝，想必沒有人會反對吧！

看這兩個昔日若有似無的戀人，各頂著白髮相遇時，你是否也像他們一般，心中再度泛起了漣漪？

一紙殘破的詩句，一張戰火時相伴的照片，顯示出來的正是一個綺夢般的美麗回憶。

很多事情，錯過了便只剩下回憶；很多時候，相聚便是難得的福氣，我們該做的是：放下痛苦，珍惜幸福。

所以，總是弔念著錯過的你，別再怨嘆著已逝的過去，因爲我們永遠無法預視未來，而這樣的結果，其實反而能爲你留下「最美的記憶」。

愛是祝福，不是佔有

愛是祝福，不是佔有，如果兩顆心有一顆已經變色，另一個人還是把心打開吧！讓兩個人都能自由地擁抱屬於自己的最愛！

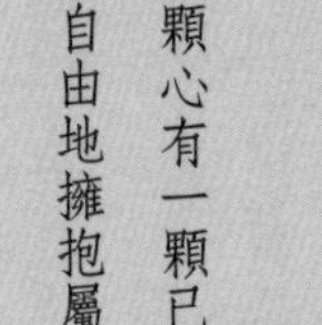

從古至今，每一段勉強的愛情，最後的結局，幾乎都是讓人心痛的結果。

即使在這個自由戀愛的年代，仍然會聽見一些勉強結合的愛情，只是時代不同了，人們可以不必受限於風俗規範，勉強自己繼續下去。

但是，在新觀念潮流下，人們反而越來越不懂得愛的包容與體貼，不懂得什麼叫做愛。

愛是祝福，不是佔有。

鮑爾與凱拉從小便被大人們配對，兩個人也在家長們的要求下，舉行成年禮之時便先訂婚了。

但是，鮑爾在三十三歲時遇見了艾莉絲，並且決心要與她共結連理。凱拉知道後非常失望，憤怒的她一氣之下，控告了未婚夫，鮑爾被判必須支付凱拉六百英鎊的贍養費。

當時，鮑爾每個月的收入只有十六英鎊，只好向人借了六百英鎊支付這筆錢，從此，他每個月要還五英鎊給債主，一共要還二十年。

雖然日子過得很辛苦，但鮑爾和艾莉絲卻一點也不覺得辛苦。只是，當孩子一個個出生後，鮑爾的負擔更沉重，工作更加辛苦了，甚至連假日也不能休息。

更不幸的是，撒旦似乎有意跟著這個苦命家庭過不去，那些悲慘的細節慘不忍睹，每個人一提起這個家庭，幾乎都閉口不談，似乎深怕撒旦會循著傳說而將災難轉嫁到他們身上。

十二年的辛苦掙扎，只剩鮑爾孤零零地留在這個世界上。

苦澀的回憶，陪他熬過了一個又一個冷清的日子，工作是他唯一能暫時忘記痛苦的轉移方式，在勞累、麻木的生活中，他腦海裡只剩下：「每個月五鎊，五鎊……」

二十年過去了，他的錢終於屬於自己的了。

這天，他獨自來到海邊，茫然地坐在靠海的一個長椅上，呆呆地望著落日餘暉，有位中年婦女走了過來，坐在他身邊，他認出這個往日戀人。

凱拉幽幽地說：「你給我的六百英鎊，我一直沒動，至今還存在銀行裡，不過，如今已經變成了六千英鎊了。這一切都是爲了你，不知道你是否願意與我共享這筆財富？」

鮑爾吐了口氣，平靜地說：「不！妳我之間只有一片沒有綠洲的沙漠，這六千英鎊還包含了六條生命，妳認爲它會帶給我什麼樣的幸福？」

看完故事，你是否也認爲，凱拉的愛不是眞愛？

爲了滿足自己，而用破壞的方式去搶奪自己想要的幸福，很多人爭的並不是自己的幸福，而是一口氣。

爲了爭那口氣，就像凱拉眼睜睜看著鮑爾過著不幸的日子，等到他窮途末路時，再以癡情人的角色現身，還大方地表示：「一切爲你，只要你願意，我們可以共偕白頭！」

這對凱拉和鮑爾來說，無疑都是一個極大的嘲諷，不是嗎？

愛是祝福，不是佔有，如果兩顆心有一顆已經變色，另一個人還是把心打開吧！放下痛苦，才能讓兩個人都能自由地擁抱屬於自己的最愛！

每個女人都希望獲得「真心」

愛情開始時都是從最簡單的情誼開始，即使是一見鍾情，也是從靦腆單純的愛戀開始，女孩希望遇見的是一位真情人。

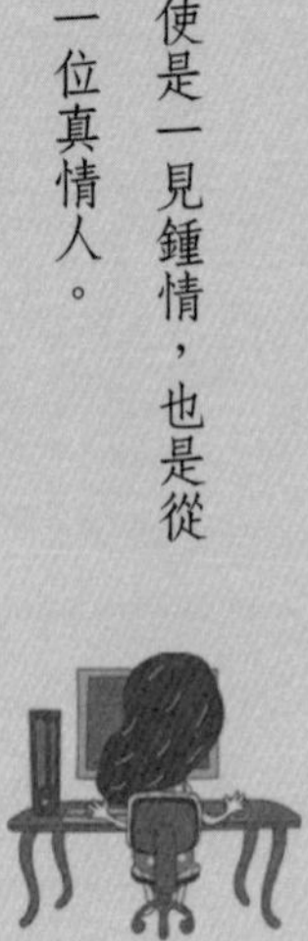

蘇聯作家蘇霍姆林斯基曾說：「人類的愛是心靈和肉體、智慧和思想、幸福和義務的結合。」

誠摯的愛會使人心靈純潔，誠摯的愛會使人幸福，也使人充滿著牽掛。

沒有一個女人不希望被疼被愛，但是在愛情的關口，女人經常猶豫，因爲，她們無法確定對方是否眞心相待。

所以，女人的難纏絕不是故意刁難，只想求一個眞心的疼愛。

在佛羅里達州的一座圖書館內，有一本用鉛筆寫滿了批注的書，約翰．布里察從借閱卡上發現了批注者的名字叫哈里斯．瑪尼爾，是位小姐。

約翰花了不少工夫找到了她，他們也從這本書開始，通信了一年，而情感也在綠色天使的傳遞下，不知不覺地萌生了。

有一次，約翰向她要求一張照片，卻遭到拒絕，等了一年又六個月，兩個人才安排了見面的機會。

女孩對他說：「我相信你會認出我的，我的衣領上會別一朵紅玫瑰。」

約翰準時來到車站，他等這一刻等得有點心急。

這時，有位年輕小姐向約翰走過來，長得秀麗可人，金色的長髮捲在後面，天藍色的雙眼像花朵般美麗。

約翰忍不住朝她走去，完全忘記了她衣服上根本沒有玫瑰。

當約翰靠近她之時，妙齡女孩低聲問道：「先生，你要走這邊嗎？」

約翰幾乎不能自制地向她靠近，就在這時候，他看見哈里斯．瑪尼爾。她正好站在女孩的後方，一位看來超過四十歲，身材圓胖的婦人，破舊的帽子蓋住了灰白的頭髮，約翰一看，美好心情像從雲端跌落般，失望極了。

當妙齡女孩迅速走開之時，約翰很想追上去，但是他又很想認識那位長伴自己心靈的女人。

約翰用力地握緊了那本書，他知道，雖然這不是愛情，但是它比愛情更加珍貴，他也相信，這會比愛情更加美好。

約翰走上前，向那婦人敬禮，並遞出手中的書，不過，他總覺得自己的語氣帶著失望：「妳好，我是約翰．布里察上尉，妳是瑪尼爾小姐嗎？很高興我們能見面，我可以請妳吃晚飯嗎？」

這時，婦人親切地微笑著：「年輕人，雖然我不知道怎麼一回事，但是你剛剛遇見的那位小姐才是瑪尼爾，她請求我別上這朵玫瑰，還說如果你邀請我去吃飯，便要我告訴你，她正在對街的餐廳裡等你。」

很動人的一則小故事，卻也在高潮處讓人捏把冷汗，如果約翰最後選擇了搭訕美色，那麼他不僅失去了佳人，也遺棄了自己純眞的情感。

愛情開始時都是從最簡單的情誼開始，即使是一見鍾情，也是從靦腆單純的愛戀開始。

一旦約翰放棄了那位四十多歲的婦人，那麼便表示他自始至終都「別有企圖」，結局也會改寫。

女孩是聰明的，因爲她希望遇見眞誠的心靈之友，希望遇見的是一位眞情人，最後這個小測試換得的不是猜疑，而是一顆人人想要的眞心。

讓自己成為「一流」的人物

不管時代或社會風尚怎麼改變，我們一定可以憑著自己的實力，超脫一切，走出正確的道路。

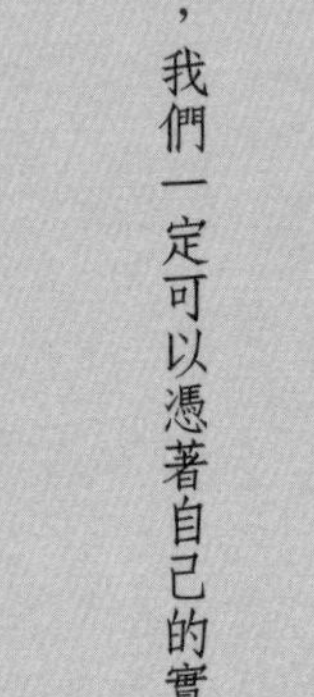

蘇格拉底曾說：「想左右天下的人，必須先能左右自己。」

確實如此，我們也可以換個角度來解釋句話：「只要你相信自己，你想要成爲什麼樣的角色，都一定能扮演成功！」

有位學生向老師請教：「現在是標準的學歷社會，許多人經常爲自己所讀的

三流大學感到灰心，而且這樣的觀念，也深植在一般人的腦海之中，對這個情況，不知道老師有什麼看法？」

老師微笑著說：「如果，連你自己都這麼認爲的話，你當然會變成那樣囉！相反的，如果你心中認爲：『我雖然是個二流大學畢業生，但是我絕不會成爲二流的人。』只要你能這麼想，肯定可以過『一流』的生活。」

這位學生似乎不太了解，老師看出了他的困惑，便補充說：「你一定要記住，不是一流大學的畢業生，就一定會有璀璨的前途。因爲，沒有人可以搭乘特快車，提早來到成功的目的地，就像我們熟悉的社會實例，我們不是經常發現，許多領有名校畢業證書的人，最後都是庸庸碌碌地過著平淡的人生嗎？而我們不也曾經聽見，某個小學畢業的人，從小工廠的老闆一路打拼努力，最後成爲人人欽羡的成功經營者嗎？」

這位學生聽完，同意地點了點頭，但又充滿懷疑地說：「雖然，我常常聽到人們這麼勉勵我，可是我總覺得這些例子都是特殊情況。因爲很明顯的，從一流大學畢業的人，機會比我們好！」

老師說：「沒錯，問題就在這裡。我們的社會確實存在著這樣的不公平，但是，你有沒有想過，眞正的差別在哪裡呢？其實，一流與二流之間，很多時候只差一分的成績啊！眞正的關鍵是，一流大學的畢業生一直都意識著自己是個一流大學的畢業生，所以將來一定要有光輝的前途，因爲有這種想法，他們才會讓自己成爲眞正活躍、有能力的人啊！」

最後，老師又說：「這其實就是一種『自信心』，你只需相信自己一定會成功，這就夠了！」

人只有克服自己的惰性與自卑心理，才不會使生活陷入困境；不管做什麼事，都應該充滿信心，才能成爲第一流的人物。

拿破崙曾經在一封寫給內政部長的信件中，勉勵他說：「我們應當努力奮鬥，有所作為。這樣，我們就可以說，我們沒有虛度年華，並有可能在時間的沙灘上留下我們的足跡。」

第一流的人物並不需要第一流的背景，事實上，很多第一流人物的過去比我們都還要悲慘，只是他們不會滿腹怨言面對悲慘的過去，因爲他們知道：「怨言越多，日子會過得更辛苦！」

不管時代或社會風尚怎麼改變，我們一定可以憑著自己的實力，超脫一切，走出正確的道路，因爲，這是老天爺賦予的生命使命，也是我們在生活上唯一能做得最好的事。

關愛的心思就是最好的禮物

真正懂得愛的人，期望的是對方認真地把自己放在心底，用心地疼愛，你說是不是呢？

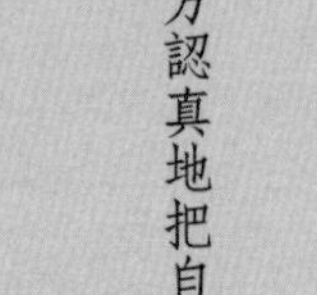

表達關心的方式有很多種，但是，個性靦腆的人卻說：「不用想那麼多花招啦！他心裡有我，我心裡有他，這就夠了。」

是的，在他們的心中，愛就是彼此適時的關懷，只要是來自對方的關愛，哪怕是小小的事物，都會是自己收到的最好的禮物。

不同的節日，安德烈都會爲妻子準備一份禮物，只是不管他送了多少東西，即使是名牌皮包與香水，妻子似乎都不喜歡，因爲她從未使用。

安德烈曾經好奇地問妻子，但老婆總是安慰他說：「因爲這些禮物如此珍貴，我得好好愛惜。」

感恩節前，有一天妻子下班回來，對他說：「老公，你知道嗎？相思花開始賣了，我今天上班時來不及買，唉！這是我最喜歡的花，想一想，它開花了，那就表示春天快來了。」

「妳最喜歡的花？」安德烈一邊看報紙一邊問。

「是啊，每年我都跟你提過啊！」老婆委屈地說。

感恩節的前夕，安德烈猛然想起老婆對他說的話，於是匆匆地來到一間花店。只是店裡的花兒幾乎都賣完了，地上只有幾盆奇怪的植物，安德烈沉思了幾分鐘，女售貨員見狀上前向他介紹：「請您買這盆花吧，別小看它們，裡面可有著淡紫色的花朵！」

不過，安德烈仍然不放棄地問道：「還有相思花嗎？」

「沒有了，不過這盆花眞的很香！」女售貨員說。

安德烈也覺得這花的確很香，他停頓了一秒鐘：「好吧，明天上午我再來買，我把地址記下。」

安德烈說完後，便轉身離去，這時已經是下班尖鋒時間，沒能擠上車的他，只好步行回家。

當他走到話劇院旁時，他發現有間花店，只是店裡花朵也剩下不多了。

這時一位老先生走了出來，問他：「您需要幫忙嗎？」

安德烈隨口問了問：「這兒有相思花嗎？」

老先生的反應，一如他所預期的：「對不起，正巧賣完了！」

安德烈嘆了口氣，不知道爲什麼，居然對著老先生抱怨起尋找花朵的經過。

安德烈說完後，又嘆了口氣說：「唉！我知道沒有相思花也無所謂，只是，我很清楚她希望能收到這些花兒。」

老先生親切地對安德烈說：「我明白，現在的人對於這樣的瑣事總是漠不關心，其實，這些小事情才是最重要的，因爲你的妻子將從這些花朵中，看到很多很多事情。」

安德烈點了點頭，無奈地起身，準備離開。

突然，老先生開口說：「年輕人，能耽誤你幾分鐘嗎？」

安德烈一聽，便轉身看著老先生。

老先生說：「其實，我爲女兒留了一束相思花，但是，我看得出你比她更需要這些花，我想了想，還是讓女兒的未婚夫爲她準備吧！你覺得呢？」

安德烈一聽，開心地回應：「沒錯！」

老先生拿出包裹整齊花束，安德烈很開心地抱著花朵回家了，他知道，老婆終於等到她一直期待的幸福禮物！

「送她最喜歡的禮物，希望她幸福」，正可以說明安德烈尋找相思花的心思，然而，我們不妨細思一下，安德烈太太渴望幸福禮物的心情。

在這個物質掛帥的年代，這則故事不知道給了你多少啓發與反省？

當你收到十克拉的鑽戒，你認爲他有多愛你？當你收到一克拉的鑽戒時，心中的幸福指數是多少？

其實，故事中的老先生，眞正想說的是：「從這些花朵中，我看見了你和你的妻子，一輩子的相知相守！」

一束相思花沒有多少錢，但是一份謹記於心的疼愛卻是無價的。眞正懂得愛的人，期望的不是那束花，而是對方認眞地把自己放在心底，用心地疼愛，你說是不是呢？

勇敢地表達出你的情感

試著表露你的真情吧，因為一個人最幸福的情況，是聽見最親近的人說：「我愛你！」

眞摯的愛永遠是人生中瑰麗的風景，親子之間的愛即使歷經了千萬年的風霜，也不會被歲月磨蝕。

就像蘇聯作家第拉特訶夫在《荒亂年代》裡所寫的：「人類的愛，像燒不毀的荊棘，是不會在火裡毀滅的。」

人與人之間最好的互動與交流，必須大方且持續；特別是親子間的互動，即使只有一個小小的碰觸，一個小小的拍肩安撫，親子間的情感便已濃郁得化不開了。

邁克爾的父親自從髮色變白了以後，性情比過去更加溫和、親切。

有一天，父親溫柔地對邁克爾說：「我現在才發現，我一直爲了維護自己的尊嚴與形象，把親子間的距離拉得太大了。唉！生命是如此短暫，只有將自己心中最眞實感情表達出來，才是最正確的。」

雖然父親變親切了，但是邁克爾卻還是無法表達心中那個被壓抑許久的情感，那是他很想對父親說的話。

這天，邁克爾告訴自己：「想那麼多幹什麼呢？我才不要堅持什麼男人尊嚴！」這麼一想，邁克爾立即跑回家中，走到父親的面前對他說：「爸爸，我想告訴你一件事，這是我從小到大一直很想跟您說的話。」

就在這個時候，邁克爾忽然覺得自己像個傻瓜，他想到自己都已經四十六歲了，父親也八十六歲，這時候說會不會太晚呢？

但是，話都已經衝出口了，不能再收回了吧？

於是，邁克爾吐了口氣，用力地喊：「爸爸，我愛你。」

父親聽了溫柔地看著兒子，笑著問：「你要說的事情，就是這句話嗎？我也愛你，孩子！」

邁克爾泛著淚光，情緒仍然有點激動地：「這句話我已經放在心中好幾年了，雖然寫在紙上很容易，但是，想將它說出口卻好難！」

已經爲人父的邁克爾，這時卻像個小孩一樣，父親也明白地點了點頭。

邁克爾又說：「爸爸，還有一件事我很想做……」

父親點了點頭，邁克爾什麼也沒說，上前吻了父親的面頰；他的父親也以強健的手，緊緊地擁握邁克爾，嘴唇有點顫抖，眼眶泛起了滾動的淚水。

父親抬起頭，看著邁克爾：「我如道你愛我，我也希望，你能經常這樣對我說，一直到我死的那一天。」

像故事中的親子互動，我們不也習慣躲在角落裡，靜靜地用眼神關愛家人？因爲，不管我們的心中有多強烈的情感想要表達，也不管我們有多渴望擁抱，總是因爲難爲情而讓情感變得冷靜或冷淡。

特別是最親密的親子間的互動，很多人連一句關心的問候，都要拐彎抹角，才有法子切入正題，只是，繞了那麼久，「愛」與「謝謝」很多時候還是沒說出口，不是嗎？

試著表露你的眞情吧，因爲一個人最幸福的情況，不是住在豪宅或坐擁金銀山，而是聽見最親近的人說：「我愛你！」

給孩子們正確的生活態度

真心疼愛子女的父母都會積極地給予孩子們學習獨立生活的機會，讓他們從分享中學會珍惜與付出。

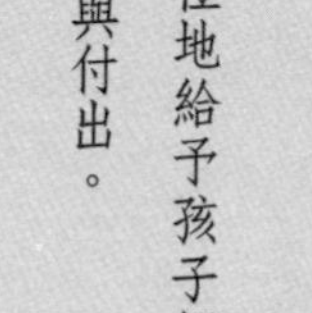

讓孩子們建立正確的生活態度，比給予他們富足的生活享受來得重要。

因爲，富足感他們隨時可以擁有，但是，如果生活態度有了偏差，他們將花大半人生彌補錯誤。

爲了教育他們的孩子，這對有錢的夫妻可說是傷透了腦筋！

從小到大，孩子們要什麼就有什麼，根本不懂得如何生存，或為他人服務，當他們明白這問題時，已經有點晚了。不過，爸爸還是自我安慰地說：「雖然晚了點，但是，也比什麼都不做好吧！」

新的假期又開始了，孩子們全擠在爸爸身邊，等待他宣佈今年旅遊的地點。爸爸笑著說：「孩子們，今年的感恩節我們來點不一樣的！」

孩子們一聽見「不一樣的」，忍不住騷動了起來，開心地猜：「也許會到新的小島上渡假吧！」

只見爸爸說：「明天，我們要到一間救濟中心去！」

孩子們一聽，全都不敢相信地瞪大了眼睛，問道：「去那兒做什麼？」

爸爸說：「我們要去和一些貧窮人家與流浪漢，一起共渡感恩節囉！」

聽到這裡，老二立即抗議地喊著：「爸，您是開玩笑的吧？」

當然不是開玩笑囉！因為第二天，爸爸便親自開車，直達救濟院。一想到要與窮人為伍，還要幫他們工作，每個孩子都滿臉愁容，只是，怎麼也沒有想到，這一天，卻是他們有生以來最難忘的一天！

爸爸把工作分配了下去，孩子們便在廚房裡忙進忙出。

然而，當孩子們正在準備食物的時候，救濟院裡的人們也正在爲他們彩排一場「感恩舞台劇」。

宴會開始時，孩子們早已忘了之前「排斥」的感覺，因爲忙得肚子都餓了。只見他們開心地與大家用餐，而且還有人表演節目給他們看，吃飽後，還有老爺爺說精采動人的故事給他們聽，如此熱鬧的宴會，讓他們完全忘記了先前的「不情願」。

看著孩子們如此眞誠地與人互動，夫婦倆相當高興。回到家後，孩子們仍然熱烈地討論著，那些貧困家庭的人是多麼可憐，自己又多麼的幸福。

這天，大兒子對父親說：「爸爸，我們想，不如今年的聖誕節，我們再去救濟中心，好不好？」

父親欣慰地點了點頭。從此，一家人幾乎常常出現在各種救助中心與人同樂，原本嬌生慣養的孩子們，從此也有了轉變，不再只懂得伸手張口，而是學會捲起袖管，伸手幫助鄉鎮裡需要幫助的人。這些孩子不再習慣依賴，做事也更加認眞、負責。

媽媽很開心地說：「是啊！雖然晚了一點，但是，總算有了開始。」

曾經有人問盧梭：「怎樣的生活會讓孩子們受盡折磨？」

這位大思想家笑笑地回答說：「無止盡地滿足他們，只要孩子想要什麼東西都給他們！」

大思想家的話，相信沒有人不懂其中的道理與問題，所以，真心疼愛子女的父母都會像故事中的夫妻，積極地給予孩子們學習獨立生活的機會，讓他們從分享中學會珍惜與付出。

活在這個災難頻仍的時代，父母親更應該教導孩子如何放下痛苦，如何珍惜幸福，如何分享快樂。

只要孩子們願意與人分享快樂，他們的人生必然會更加幸福。

5

PART

用心靈魔法創造生命奇蹟

生活中有各種交流與溝通的方式，
我們都有機會遇見，
甚至被其中之一激發出生命的潛能。

誠懇，才能深入人心

如果無法用一顆真誠的心來面對他人，只能維持表面的客氣，說些言不及義的話，對於處在困境中的人而言，只會更加痛苦。

曾有記者實地走訪某家知名飲料公司，發現一罐市價二十元的飲料，成本竟然花不到三塊錢，其餘花費全在廣告與包裝上。

這個現象說明了，在這個重視外表的社會，只要包裝有辦法吸引人，就不用擔心東西賣不出去。然而，一個經過多道包裝手續的高級食品，卻不見得比普通包裝的同類型產品好吃。同樣的，一個會說話的人，不代表會做事；一個衣冠楚楚的人，可能只是個虛有其表的傢伙。

林肯在一八六〇年代表共和黨參加總統大選，當時，他的對手爲民主黨的道格拉斯，是個大富翁，有充裕的競選經費。相較之下，林肯顯得寒酸多了。

道格拉斯租了許多漂亮的馬車組成競選車隊，還請來樂隊在車上演奏。除此之外，又別出心裁地在車後安置一尊大炮，每到一站，就鳴炮三十二響，聲勢之浩大，遠超過美國歷史上任何一次競選。道格拉斯洋洋得意地說：「我要讓林肯這個鄉下佬聞聞我的貴族氣味。」

至於林肯，不僅沒有專車，甚至還得湊錢買車票乘車。他每到一站發表自己的理念，當地的朋友就爲他準備一輛馬車，他就站在馬車上對選民們發表政見。

他說：「有人寫信問我有多少財產。我有一位妻子和三個兒子，都是無價之寶。此外，還租有一間辦公室，裡面有一張桌子、三把椅子，牆角還有一個大書架，架上的書值得每個人一讀。我本人既窮又瘦，臉蛋很長，不會發福。我實在沒有什麼可依靠的，唯一可依靠的就是你們。」

最後的競選結果，林肯光榮贏得勝利，當選美國總統。

總統的職責是治理國家，讓人民可以過著安全、舒適的日子。道格拉斯的失敗並不在於他有錢，而是他所傳達出錯誤的訊息。用華麗包裝來裝飾的外在，不如坦率之下的眞才實料，人民要的是一個可以體恤民情的領導者，而不是只懂得作秀的政客。

林肯除了態度誠懇之外，更讓民衆覺得他們是生命共同體，可以一起面對生活的困苦，共同創造幸福優渥的未來。這就好比與親人的相處，不僅僅因爲血緣關係連繫彼此，更因爲每個人都是同一屋簷下的「生命共同體」，必須一起面對生活中的好與壞。

如果無法用一顆眞誠的心來面對他人，只能維持表面的客氣，說些言不及義的話，對於處在困境中的人而言，只會更加痛苦，就像包裝過度的禮盒一樣，倒不如默默守候在身旁，更能深入人心。

你沒想像中那麼糟糕

一個人的自信，其實是自我催眠的結果。如果你認為自己很糟，你就會真的如你所想的那麼糟。

人們經常有的一個錯誤迷思，就是自卑地相信：「我連這件事都做不好，我還有哪件事能做得好？」

事實上，我們應該換個角度去思考，告訴自己：「正因爲這件事做不好，說明了我不是這塊料，所以我更應該去發掘自己其他的能力，把我能夠做得好的事情做得更好。」

貝蒂的生活一向十分平靜，但是自從她一連生了三個孩子以後，她的生活變得亂七八糟。剛出生的小嬰兒需要她按時餵奶，四歲的孩子整天哭鬧不休，九歲的孩子吵著要媽媽陪他玩，貝蒂簡直快要被三個小孩搞瘋了！

她開始懷疑自己是不是天生低能，怎麼會連帶小孩這麼簡單的事情都做不好？這不是每個母親都應該會做的事情嗎？她連幾個孩子都照顧不好了，還有什麼事情是她做得好的呢？

她最好的親友聽說了她的情況以後，送給她一份禮物。

貝蒂拆開包裝，打開一看，看到盒子裡頭是一個很漂亮的玻璃罐，上頭寫著：「貝蒂的自信罐，需要時請服用。」

罐子裡頭裝著幾十個捲好的小紙條，每個紙條拆開來，上面都寫著親人和朋友送給貝蒂的一句話。

貝蒂的媽媽寫道：「上帝微笑著送給我一件寶貴的禮物，她的名字叫貝蒂。」

貝蒂的朋友說：「我珍惜你的友誼。」

貝蒂的小學老師說：「妳做什麼事都非常仔細，而且任勞任怨。」

有人說：「妳有一顆執著善良的心。」

有人說：「我希望住在離妳家廚房最近的地方。」

貝蒂看得紅了眼眶，決定每當完成一件自己覺得不容易做到的事情，或是聽到別人對她的讚美時，就要把它寫下來放進這個罐子裡。當她遇到挫折，感到心灰意冷時，再從這個小罐子把紙條拿出來看。

這個小罐子成了貝蒂自信的來源，每當她看到這個小罐子，就覺得她正被許多人關愛著，自己並不像自己以爲的那麼糟，只要她願意咬緊牙關撐下去，一定可以渡過所有的難關。

幾年以後，貝蒂成爲一所幼稚園的園長，很多家長都喜歡把孩子送到她這兒來。從這裡畢業的小孩，每個人都有一個專屬於自己的「自信罐」。

貝蒂的自信，也成功激發了這些孩子的自信。

給自己多一點信心，沒有一個人是十全十美的，所謂的高材生，也不過是因爲他們會做一些常人認爲很難做到的事情而已，至於你會做的那些簡單事情，他們卻未必都做得到。

一件事做不好，只表示你可能缺乏了某方面的能力而已。沒錯，你在這方面的確很不行，但是你也有其他表現得非常突出的地方，不是嗎？

一個人的自信，其實是自我催眠的結果。

如果你認爲自己很糟，你就會眞的如你所想的那麼糟；如果你認爲自己很不錯，那麼你就自然會表現出最好的一面，成爲一個優秀的人。

不要靠著藉口過活

別人的長處，固然要欣賞，但是你也要相信，只要你像別人一樣努力，你也一定可以做得和別人一樣好，甚至超越他。

人們經常有的一個錯誤迷思，就是相信「我做不到，因爲我的條件沒有別人那麼好」，整天自怨自艾地靠各種藉口過活。

考試考不好，我們怪自己沒有別人那麼聰明；唱歌唱不好，我們恨自己不像職業歌手那麼有天分；找不到工作，是因爲別人的學歷比自己高；找不到老公或老婆，是因爲自己的桃花運沒有別人那麼好。

但事實眞的是這樣嗎？

丹尼斯高中的時候，身高還不到一百五十公分，體重只有三十六公斤，看起來和一個小學生沒有兩樣。

由於丹尼斯非常瘦弱，在學校經常受到同學欺負。特別是體育課分組比賽的時候，沒有同學願意和他一組。甚至連老師都對他說：「丹尼斯，你要不要考慮轉到特殊教育班去，我想那對你來說會比較好。」

「可是，老師，特教班是爲殘疾學生而開的啊！」丹尼斯疑惑地問。

老師遺憾地說：「很抱歉，但是我覺得那裡比較適合你。」

那天回到家裡，丹尼斯悶悶不樂。他看著鏡中的自己，越來越討厭自己的模樣。

此時，他看到在院子裡除草的父親。他的父親身材也不高，但是因爲曾經在海軍裡服役，所以全身肌肉發達，從來沒有人敢瞧不起他。

丹尼斯決定，他也要擁有一身強壯結實的肌肉，就像他父親一樣。從那天起，

他每天花許多時間練習舉啞鈴，然而，無論他多麼努力，他始終沒有辦法舉到一般人可以舉起的重量。

一直到六個月之後，丹尼斯的身高仍然只有一百五十二公分，體重也只有四十公斤，但是他已經滿十七歲了。

一個星期天，丹尼斯接到父親的電話，要他把一捲帆布送到山坡上的工廠去給他。這捲帆布大概有六公尺長，八十多公斤重，丹尼斯把帆布扛上肩頭，奮力地往山坡上走去。每往前走一步，他都必須咬緊牙關使盡吃奶的力氣，但是奇蹟似的，他竟然一個人把這捲帆布成功抬上了山坡！

這眞是太不可思議了，他長期的努力終於看見了成果！

丹尼斯做了一個實驗，在他平常所舉的啞鈴上額外增加了五十磅，這是連一般人都很難舉起的重量。

他這麼告訴自己：「不要去想你的個子，專心把它舉起來就是了！」

結果，他果眞把它舉起來了！

究竟是什麼原因讓丹尼斯在一夕之間有了那麼大的進步呢？

過去，丹尼斯總認爲自己的個子矮小，越是這麼想，越是限制了自己的潛力。而現在，他把問題拋在腦後，只是專心一意地去發揮自己的能力，因此他打破了自己的界限，成爲了一個眞正的強者。

老是拿「別人」來當藉口，只會讓自己更加看不清自己不足的地方；老是拿自己和別人比較，只會替自己製造雙重標準。

別人的長處，固然要欣賞，但是你也要相信，只要你像別人一樣努力，你也一定可以做得和別人一樣好，甚至超越他。

並不是別人失敗了，你才會成功，別人成功也不會阻礙你成功，眞正限制你的，往往都是你自己的心。

笑容就像柔暖的春風

帶著溫暖的笑容融化身邊的陌生人，你將會發現，原本只有你一個人微笑的街景，很快地將在城市裡的每一個角落綻開。

鼓勵與讚美的言詞中，其實包含了人與人之間的尊重與體諒，也傳遞著彼此間的信任與情感。這不僅能增加我們的信心，更能化解人與人之間無意中造成的隔閡與摩擦。

鮑奇華和一位朋友正搭著計程車，往紐約城的方向前進。

下車時，朋友對司機說：「謝謝您，搭您的車非常舒服。」

沒想到這位司機聽了，居然問說：「你該不會不夠車錢吧？」

朋友笑著說：「我不是開玩笑，我是眞的很佩服你，在這麼混亂的交通中還能保持如此沉穩。」

只見司機的臉色略略輕鬆說：「是這樣呀！」

「爲什麼你要這麼說？」事後，鮑奇華不解地問。

朋友笑著說：「我想讓紐約多點人情味，這樣，這個城市才有救。」

鮑奇華不以爲然地問：「你一個人能做多少事？」

朋友搖了搖頭：「我只是起個頭，我相信，這句話一定能讓司機快樂一整天。你想，他今天如果載了二十位客人，那麼將有二十位乘客會收到司機的好心情，然後，這二十位乘客將繼續把快樂分享給其他人。算一算，我的好意將會傳達給一千多人，不是嗎？」

鮑奇華又問：「好吧！但是，實際效果你又測不出來？」

朋友笑著說：「就算沒效果，我也沒有損失啊，你想想看，稱讚那司機花不了我多少時間，而他也不會因此少收幾塊小費！如果他無動於衷，我還有明天可以繼續努力。」

鮑奇華搖了搖頭：「你眞是太天眞了。」

朋友說：「你會這麼想，那就表示你有點冷漠喔！我曾調查過郵局的員工，他們最感沮喪的，除了薪水微薄外，就是欠缺別人對他們的肯定。」

鮑奇華有點不滿地說：「他們的服務態度眞的很差！」

朋友說：「那是因爲他們認爲，沒有人會在意他們的服務態度，我們爲何什麼不先給他們一些鼓勵呢？」

鮑奇華看著呆呆又可愛的朋友說：「但是，只靠你一個人有什麼用？」

朋友吐了口氣，認眞地說：「我經常告訴自己：『永不洩氣！』雖然要讓這個社會變得溫馨和樂很不容易，但是，只要能影響一個就是一個！」

「剛才那個女孩長得那麼平庸，你沒事幹嘛對她笑？」鮑奇華插嘴問。

友人笑著說：「那又如何？我只知道，如果她是個老師，今天每一位上課的同學一定會如沐春風。」

很多人之所以覺得自己不幸福，往往是因爲心中的偏執作祟，無法放下自己對諸多人、事、物的主觀認知所致。只要懂得放下心中那些纏繞自己的偏見、成見，我們就可以讓自己過著快樂生活，並且將快樂傳播給別人。

就像鮑奇華的朋友所說的：「一個人也行，只要有開始，就一定會有人被影響，並繼續傳播下去！」

沒有人不希望生活快樂，也沒有人會期望社會冷漠，但是，如果連你自己都快樂不起來，又如何能擁有快樂的大世界呢？

從自己開始做起吧！

帶著溫暖的笑容融化身邊的陌生人，因爲慢慢地你將會發現，原本只有你一個人微笑的街景，很快地將在城市裡的每一個角落綻開笑容。

讓邂逅成為美麗的開始

我們都曾經歷過心動的邂逅，也有很多人和我們一樣，都習慣默默地看著心儀的身影消失，讓自己從此魂牽夢縈。

就像電影中經常發生的，因爲兩對偶遇的眼神，因爲不經意地激起的一次心動，於是許許多多不期而遇的「邂逅」，成了人們追求愛情時最嚮往的美麗開始。

日劇《陰陽師》裡有句對白這麼說：「光是滿懷著心願，光是充滿渴望是毫無用處的。心願的達成不是靠許願而是靠實踐，越是重要的事情越要大聲說出來，好好地傳達給對方知道。」

是的，如果你想讓一段邂逅成爲美麗的開始，並且迸出絢麗的火花，那麼就勇敢表達你的想法。

卡普蘭在街角匆匆地買了甜甜圈和咖啡後，便急急忙忙進入地鐵站，正好趕上他每天要搭乘的那班列車。喘了一口氣後，卡普蘭抓著欄杆，忍不住掃視這些擠在他周圍的人們。

這些人他幾乎每天都會在車廂中遇見，他們認識卡普蘭，卡普蘭也認識他們，但是他們從未給對方一個微笑，彼此之間就像不斷擦身而過的陌生人，永遠不會有交集。

地鐵快到第一七五街的時候，卡普蘭有點緊張，因爲有個美麗女孩經常在這一站上車。

卡普蘭很喜歡看她，但是又深怕被她發現，讓她有了防備心，再也享受不到上班時的美麗景象。車子再次開動，卡普蘭的身體隨車子搖晃，他想著：「見面這麼久了，怎麼樣才能有交談的機會呢？」

他開始胡亂思索著。

女孩一走入車廂，忽然一個重心不穩撞上了我。

她說：「對不起！」

那我會禮貌地舉起帽子，回答：「沒關係！」

接著，她將笑著說：「天氣眞好，不是嗎？」

那我會回答：「像春天一樣。」

雖然，我們在這裡停住了，但是第二天早晨，我相信，她會開始與我交談，就像好朋友一樣，一進來便對我說：「你好！」

而我，也將與她打招呼，並開啓友誼的話題！

有一天她會說：「我們天天在這兒交談，卻連彼此的名字都不知道。」

於是，我們交換了名字，而友誼也更進一步。

「相信一定是這樣！」

當卡普蘭想得入神時，列車慢慢地停了下來，這一站有很多人要上車，而卡普蘭必須從擁擠的人群中找到她。

但是，他今天找了半天，卻一直沒看見佳人的身影，卡普蘭的心情頓時低落了下來。

當他準備低下頭時，卻瞥見女孩站在門的另一側，於是他立即抬起頭，朝著她的方向望去。

忽然，車門又開了，人潮繼續湧入，他發現，女孩被夾在蜂擁的人潮中無法動彈，忽然她猛地被撞了一下，快跌倒的她，一把抓住了卡普蘭正拉著的吊環。女孩滿臉歉意地說：「對不起，人實在太多了。」

卡普蘭紳士地回答：「沒關係，捉緊了。」

車子再次啓動了，女孩仍然緊抓著這個吊環，因爲已經沒有其他位置可以站立。女孩似乎想化解這個尷尬，便說：「今天天氣眞好！」

卡普蘭一聽，居然跟想像的一樣，這時他的心正猛烈地跳動著。他開心地笑著說：「是啊，像春天一樣。」

你是否像卡普蘭一樣，也曾對著車廂內的某個身影心動？也曾經想像著，有一天你們的邂逅不只是邂逅呢？

只是，如何才讓邂逅不只是邂逅？除了等待車子無預警的煞車外，我們何不主動一點，由自己牽起兩個人的開始？

我們都曾經歷過心動的邂逅，也有很多人和我們一樣，都習慣默默地看著心儀的身影消失，讓自己從此魂牽夢縈。

爲何要等待緊急煞車，又爲何要等待意外的碰撞？

當你發現，兩對邂逅的眼睛一遇上，眼神中都出現了不自在的飄移和羞怯時，你便可以確定，兩顆心其實都有了心動，只要你大方一點，美麗的邂逅自然會有最美麗的開始。

用心靈魔法創造生命奇蹟

生活中有各種交流與溝通的方式，我們都有機會遇見，甚至被其中之一激發出生命的潛能。

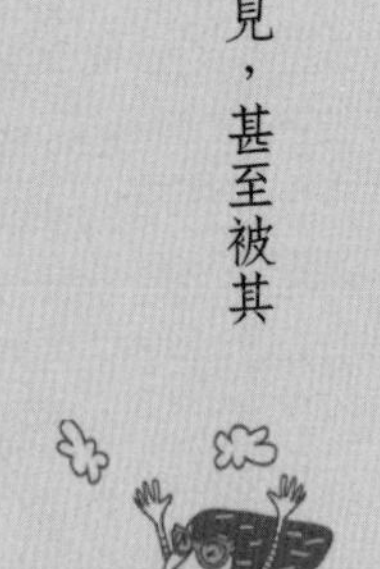

當你欣賞魔術時，是否也想知道其中內幕？但是，當魔術被破解時，你的生活就會少了許多想像與樂趣。

如果，小小的魔術總是激起你對生命的無限想像，那麼，就讓魔術的秘密永久保存，讓生命的想像持續不斷地創造下去。

維特是名職業魔術師，經常出現在洛杉磯一家飯店，表演精采的魔術。

今天他又走到台下，準備與觀衆同樂，只見他走一個小餐桌旁，和其中一位小女孩交談，並請她選擇一張牌。

這時，小女孩的父親告訴他，溫蒂是他的女兒，是個盲人。

維特笑著說：「這對她最好不過了，溫蒂，妳願意幫我嗎？」

女孩點了點頭：「好哇！」

接著維持在小女孩的耳邊說了幾句話之後，便坐到女孩的對面，開始他們的魔術遊戲。

維特大聲地說：「溫蒂，我會選一張牌讓妳摸，這些牌子不是紅色就是黑色，我希望妳能用自己的靈感，告訴我們這張牌是什麼顏色，明白嗎？」

溫蒂點點頭：「好！」

於是，維特拿出了一張梅花K說：「溫蒂，這張是紅色還是黑色的？」

停了片刻，盲女孩說：「黑色的。」

掌聲立即響起，因爲她猜中了。

維特又出拿一張紅桃七說：「這張呢？紅色還是黑色？」

溫蒂想了想說：「紅色的！」

她猜了六次，六次都對，她的家人實在不敢相信，她怎麼會這麼幸運。

到了第七張牌，維特向所有觀眾出示了一張紅桃五，然後問：「溫蒂，這一次我們換個問題來考妳，請妳告訴我，這張牌的數碼和花色……是紅桃、方塊還是黑桃？」

等了一會兒，溫蒂自信地說：「紅桃五！」

這下子每個人都以爲，溫蒂有什麼特異功能，個個都發出驚嘆的聲音。爸爸忍不住問維特爲什麼會這樣，維特回：「你不妨去問問溫蒂吧！」

父親問：「溫蒂，妳怎麼會猜中？」

沒想到溫蒂卻笑著說：「這是魔術喔！」

也許，很多人也有疑問，溫蒂是怎樣知道撲克牌的顏色？

後來，維特偷偷地告訴學習魔術的人說：「當時，我悄悄地對她說，溫蒂，如果我輕拍妳的腳一下，就是紅色的，如果拍兩下那就代表黑色。」

那紅桃五怎麼猜中的呢？

五的話他就拍她腳五下，至於是紅桃、黑桃或梅花，他則用敲打的方式讓她知道，那張牌是「紅桃」。

維特說：「這個魔術的重點不在解答過程，而是『魔術』帶給溫蒂的心靈作用，它不僅帶給她瞬間『光明』，還讓她成爲現場最重要的人物。」

不久，維特收到溫蒂的一個包裹，包裹中有一副布萊葉盲字撲克牌及一封信，信中小女孩除了表示感謝之外，還寫著：「我希望你用這副布萊葉盲文牌，讓更多的盲人變出更多的魔術。」

幸福快樂的秘訣就是隨遇而安，放下物質世界加諸自己身上的枷鎖，用心體會生活中的每個細節，生活就會更加充實自在。

英國激勵作家斯邁爾斯曾說：「仁慈和善意並不體現在禮物上，而在於一顆善良而誠摯的心。」

最有價值的禮物，必然蘊含著人際關係的溫馨互動，它的價值不是金錢或世俗的財物所能比擬的。

生活中有各種交流與溝通的方式，我們都有機會遇見，甚至被其中之一激發出生命的潛能，一如小女孩遇見的「魔術」。

這個魔術對維特來說，最大的意義不在於魔法，而是魔術表演時給人們的觀感與激發，一如他說的：「魔術給人們的不只是想像，而是能激起人們發揮創造生命奇蹟的作用。」

於是我們看見，小小魔術激起的，不只是人們對小女孩的驚嘆，更重要的是，還有小女孩對自己的肯定和自信。

讓心中充滿感激

不懂得珍惜，幸福是不會接近你的，因為美麗幸福的社會，只會是在相互扶持與心存感恩的關係中出現。

沒有人天生就應該施捨別人，也沒有人天生就應該接受別人的施捨。

善心的人都是自發性的，他們不求人們的回報，但是那不代表接受幫助的人，就可以不必心懷感激。

冰雹一直落下，最後把屋頂、菜園、田地等地方全部覆蓋住了，連樹木上的

葉子也被打得一片不剩。

古德嘆了口氣，站在被冰雹破壞的家園說：「今年，我們連一顆玉米、一顆豆子也收不到了，看來要等著挨餓了……」

這一天，有位牧師來到農莊裡安慰大家：「不必太難過，因為上帝不會讓人餓死的，沒有人會被餓死！」

忽然間，古德大叔心中升起了一股力量，他相信牧師的教誨，上帝會知道他們的希望，並盡力幫助他們。

於是，古德大叔拿起筆，寫了一封信給上帝！

上面寫著：「上帝，請您救救我們，我們今年就要挨餓了。我目前急需一百塊買種子、糧食等等，請您幫幫忙！」

最後，他在信封上寫了「上帝收」，便將信投入了郵筒中。

當郵務士發現這封上帝的信，實在不知道要如何處理，只好交給領班克博德。克博德看了這封信後，便想：「沒想到有人信仰這麼堅定，但願我的信仰也像他一樣堅定。不如，讓我來實現這一切吧！」

於是，克博德決定，他要以上帝的名義回覆這封信。然而，當他把信拆開來看時，才知這封信的需要，不是幾個字就可以打發的，還要有實質的幫助，於是他呼籲大家捐點錢，幫助這個信仰堅定的人。

大家都很熱情，紛紛捐了點錢，希望能幫助這個尋找上帝的人。但是，克博德只湊足古德七十塊，沒辦法，他只好把錢裝進信封，並寫上收信人的姓名和地址，並簽了「上帝」兩個字。

古德大叔來到郵局，沒想到上帝眞的回信了，開心地拿著信回家。

默默行善的克博德，也站在台階上看著這一幕，心裡開心地想：「原來做好事會這麼快樂。」

古德大叔對於上帝寄錢給他的事深信不疑，當他發現信封裡裝有一疊鈔票的時候，臉上居然一點也不訝異。

但是，當他點完了鈔票數目，卻生氣地想：「難道連上帝也出錯？」

只見古德大叔又折回郵局，並要了紙和筆寫信給上帝，上頭寫著：「上帝您好：我要的錢沒有如數收到，這裡只有七十塊錢，請務必再寄三十塊錢給我，因爲我急需用錢。還有，下次付款時千萬別用郵寄的，因爲郵局內的傢伙全是小偷，不可不防！」

當好心的郵差遇見愚夫時，會有什麼樣的結果？

這就像俗話所說的「好心沒好報」，你的付出人們不知感恩，如果送佛不能送到西天，你就要等著人們的埋怨了。

社會中，不乏像古德一樣的人，他們認爲接受別人的幫助是應該的，認爲人們伸手相助也是應該的，但是如果換做自己是伸手相助的人，遇見狗咬呂洞賓的情況，不知會不會感到心寒呢？

別像古德大叔一樣，收到了「上帝的錢」，心中不但沒有感激，反而不懂得珍惜，那麼幸福是不會接近你的。因爲，美麗幸福的社會，只會是在相互扶持與心存感恩的關係中出現。

當你珍惜，你就幸福

當你懂得惜取生命的一點一滴，你不會再問什麼是幸福，因為只要你一張開眼，你就看見了幸福。

人們常常把「幸福」掛在嘴上，對你而言，幸福究竟是什麼感覺？幸福究竟是什麼滋味？到底……幸福是什麼？

科學家居禮夫人曾經這麼說：「家人要互相結合在一起，才真正是人世間唯一的幸福。」

家會讓人有幸福溫暖的感覺，是因爲有家人相伴，沒有家人的房子，叫人如何興起「回家」的念頭呢？

某天晚上，一個醉漢躺在洛杉磯的街頭，警察把他扶起來，一看，是當地的一位赫赫有名的富翁。

警察說：「讓我送你回家。」

「家？我沒有家。」富翁回答。

警察指著遠處一棟豪華的別墅，說：「你沒有家？那麼，那是什麼？」

富翁說：「那只不過是我的房子。」

也許，很多人會認爲，家當然是一間房子或是一處遮風避雨的地方。然而，一旦你或你的親人離開了那個房子，那裡從此失去了溫馨和親情，你還會認爲那是個家嗎？

對離鄉背井的人來說，那兒是故居；對普通人來講，只能說那是個落腳的地方，家已不再是家了。那麼，家究竟是什麼？下面的這個故事，或許能爲「家」做一個貼切的解釋。

一九八三年，盧旺達內戰期間，有一個叫做熱拉爾的人遭遇了慘劇，當年三十七歲的他，家裡一共有四十口人，父母兄弟、姐妹、妻兒……卻不幸在戰爭當中全部罹難。

最後，絕望的熱拉爾打聽到五歲的小女兒還活著。

不顧生命危險，熱拉爾東求西託，不斷奔走，好不容易終於找到了自己的親生骨肉，他悲喜交集，把小女兒緊緊摟在懷中，脫口的第一句話就是：「我又有家了。」

人生在世，超過一半以上的痛苦和煩惱，其實都來自於我們不知「放下痛苦，珍惜幸福」，才會讓自己活在自怨自艾的心靈囚牢。

只要家人在的地方，哪裡都可以是家，若是家人不在了，那麼家的意義就僅止於一間房子，一間空空蕩蕩的房子。

家人是我們的太陽，平時感覺不到它的存在，但是卻一直依靠它的能量而活，失去了太陽，你的世界只會剩下一片黑暗。

因此，不要忽視你的家人，他們縱然有再多的不是，卻一直是照亮你世界的重要光源。

當你珍惜，你就幸福。

幸福是「犧牲享受，享受犧牲」，當你懂得惜取生命的一點一滴，當你用心感受身邊的一草一木，你不會再問什麼是幸福，因爲只要你一張開眼，你就看見了幸福。

6

PART

不肯認眞的人最愚蠢

常識由生活習慣與生活經驗所累積，
當人們笑我們沒常識時，
你是否也驚覺，
自己居然不認真生活，
白白浪費了珍貴的時間？

付諸行動才不會淪為癡人說夢

想要完成心中的夢想目標，就一定要付諸行動，只會空談的人，不管計劃多麼周詳，理想多麼偉大，始終都是癡人說夢。

人們常說：「說一尺不如行一寸，坐而言不如起而行。」如果空有滿腔抱負和願景，卻遲遲沒有展開行動，結局只是一場春夢；當然，行動之時要弄清目標，如果「想要把磚頭磨成鏡子」，我們又怎麼可能會有實現理想的一天？

懷讓禪師與馬祖禪師是唐代的著名高僧，在他們修道悟禪時，曾經有這樣的一段互動。有一天，懷讓禪師看見馬祖禪師非常專注地坐禪，便好奇地問他說：「請問，你坐禪是爲了什麼？」

馬祖答道：「想成仙佛。」

沒想到懷讓聽完馬祖的話，轉身就離開。

不久，卻見懷讓禪師手中拿來了一塊磚頭，並正坐在馬祖禪師的面前，慢慢地磨了起來。

馬祖不解地問：「請問，您磨這塊磚頭要幹什麼啊？」

懷讓笑著回答：「我想把磚塊磨成鏡子。」

馬祖搖了搖頭說：「磨磚怎能磨成鏡子呢？」

懷讓一聽，連忙反問他：「那麼，你坐禪又豈能成佛？」

馬祖便問：「那麼要怎樣才能成佛？」

懷讓說：「這就像牛拉車，如果車子不動，你是打車子還是打牛？」

這是相當著名的禪門公案，幾乎所有的宗教都教導人們：「要能忍受苦行，才能修得圓滿的正果」，但是，懷讓禪師卻對這樣的迷思當頭棒喝：「坐禪豈能成佛？」

走出神佛之道，來到歷史的長廊中，我們可以看見戰國時的趙括，一個擅長談論兵法的主帥，不懂得實際運用所造成的悲慘後果。

當他終於有機會上場時，卻見滿肚子的兵法，全部展現在長平之戰的不堪一擊上，而人們這時才清楚看見，他所說的兵法原來全是空談，可是不能靈活運用的結果，卻已讓趙國幾十萬大軍白白地犧牲了。

赫胥黎曾說：「人生偉業的建立，不在能知，而在能行。」

想要完成心中的夢想目標，就一定要付諸行動，只會靜思空談的人，不管計劃多麼周詳，理想多麼偉大，始終都是紙上談兵，癡人說夢。

而且，行動之時要搞清楚自己的目標和方法，才不會做出「拿磚磨鏡」的蠢事，就像懷讓禪師所說的，牛車不動的時候，你要弄清該打牛，還是打車子。

樂觀讓生活處處都有希望

對樂觀的人來說，眼前的失敗是一個經驗，即使不小心跌倒了，
也只是拍拍身上的灰塵，然後站起來，輕鬆地往前走。

你有沒有發現，每當你遇見悲觀的人，即使再好的心情，都會被他們被攪得非常糟亂。

反之，當你與樂觀的人接觸時，就算低氣壓的心情也會立即被對方的樂觀所感染，還會告訴自己：「像他們那樣，快樂地過日子不是很好嗎？笑一笑，什麼難關都會過去的！」

愛迪生一天工作十八小時以上，而且樂在其中，他經常對人們說：「工作有成就，是人生眞正的樂趣。」

這位大發明家還認爲：「睡眠就像服用藥物一般，一次用量太多，腦袋會變得更加不清醒，所以，我認爲休息是一種浪費的行爲，不僅活力減少了，還會錯過許多機會。」

於是，致力於研究發明的愛迪生，三十歲發明了留聲機，將聲音錄在唱片裡，讓人們可以永遠聆聽。接著是電燈泡的發明，進一步開啓了新世界，更照亮了全世界；其他像是擴音器、影印機、醫學用的螢光屏，鎳鐵電池和電影……等等，都是他緊緊把握住時間所換來的發明。

曾經有人質疑過：「難道他從來都沒有失敗過嗎？」

當然有，而且他失敗的經驗比任何人要多，就像他發明的第一件專利品「電動投票記錄器」，就是一個很好的例子。當時他申請專利權時，完全申請不到獎金，而這份心意也得不到議員們的支持，國會並不願意購置這個記錄器。

還有一次，他傾盡家產，設計了一款用來分離鐵礦中雜質的機器，最終因爲人們發現了豐富的高質鐵礦，而令這項設計完全白費。

然而，面對種種困難與失敗，愛迪生卻從未氣餒，他時常對合作夥伴們說：「我們沒有失敗，因爲我們已經知道了，有一千種計劃是行不通的，經歷過這些失敗的經驗之後，我們很快地就會找到成功的方法。」

曾經有一次，他最重要的經濟來源，那間製造電影、唱片等器具與設備的工廠，不知何故，頃刻間毀於一場無名火中。

當時火勢相當猛烈，一直到第二天清晨才控制住，當火勢才稍稍變緩，愛迪生便召來全體員工，大聲宣佈：「接下來，我們準備重建！」

於是，他開始派任每個人一項任務，有人去租附近的舊工廠，有人則被派去商借伊利鐵路公司的大吊車，當一切都指派完成後，樂觀的大發明家忽然補充一句：「唔，有誰知道哪裡可以弄到錢嗎？」

這個問句令在場所有人都停下了手邊的工作，紛紛吃驚地看著他，只見愛迪生若無其事地微笑說：「舊廠燒了也好，我們可以在廢墟上建立一座更大、更好的工廠，不是嗎？這一切也算是因禍得福吧！」

心理學家賽爾格曼曾經指出：「樂觀的人，身心比較健康，也比一般人更善於解決問題。」

對照愛迪生的這則軼聞，我們不僅可以佐證這個理論，更能提供我們一個成功解決問題的方向。在我們的身邊，便有許多抱持樂觀與悲觀態度的人，而我們也不難發現他們成功與失敗的原因。

對樂觀的人來說，眼前的失敗是一個經驗，即使不小心跌倒了，也只是拍拍身上的灰塵，然後就站起來，輕鬆地往前走。而對悲觀的人來說，眼前的失足，恐怕會影響到往後的步伐，可能會擔心未來的日子怎麼辦？

於是，從愛迪生解決問題的過程中，我們也學會了一件事：「樂觀一點，機會就不易失去。」

充滿鬥志，人生就有新的開始

成功者即使到了生命即將結束的前一刻，仍然會憑著一股鬥志，
也要讓生命精彩的部分發揮出來。

人生不可能重來，唯有保持高昂的鬥志，才可能讓人生有不斷發光發熱的機會，也唯有這樣，生命的意義與價值可以深化，那麼，有限的人生自然可以發揮無限的能量。

哈倫德靜靜地埋伏在草叢裡，他正等待著、思索著。他回想自己五歲喪父之

後，便靠著自己的力量長大，十四歲時，他從格林伍德學校輟學，從此展開了流浪的生涯。

他曾經在農場裡工作，也做過售票員，一直到十六歲時，他謊報年齡而開始了軍旅生活，但這些經歷全都是灰暗的，不管他怎麼回想，似乎從小到大，每一個階段的不順遂，在在預示著他這一生要悲慘度日。

即使退伍後，他的日子依舊悲慘如昔，他怨恨地對自己說：「認命吧，哈倫德，你永遠都無法成功了。」

把思維拉回到現實中，當時，他正躲在若阿諾克郊外的一個草叢中，因爲，他正計劃著一項綁架行動。

他觀察到，有一戶人家的小女孩，每天下午都有一段固定的玩樂時間。

但是，他等了一個下午，女孩卻在這個關鍵時刻消失了，突然覺得受挫的他，氣憤地想：「我還是無法突破這一連串失敗的命運！」

後來，他考進了一家餐館主廚兼清潔的工作，而且一做就將近十年，直到他接到了退休通知之時才驚覺，他的人生已經過了大半。

他認爲自己一生還算安分，包括他那次未遂的綁架念頭。因爲，當初他要綁架的小女孩，其實是自己的女兒，在行動失敗後的第二天，離他而去的母女倆再次回到了他的身邊。

如今，他們虛度了大半輩子，一家人卻一無所有，要不是郵遞員那天送來第一張社會保險的支票，他還不會意識到自己已經老了。

當哈倫德拿到那張保險支票時，承辦人員對他說：「我們實在很同情你，其實年輕時你擊不中球，就不必再繼續打了，現在該是你放棄一切，好好退休、養老的時候了。」

退休的那天，餐館裡的同事與老顧客對他說：「我們會想念你的！」看著插了六十五根蠟燭的生日蛋糕，加上一張政府寄來的退休金支票，以及附註的話：「你年紀老了，好好退休吧！」

當看到那「老」字時，哈倫德心頭一震，氣憤地拿著那張一百零五美元的支票，對自己說：「我就不相信，我的人生只有這樣！」

於是，六十五歲的哈倫德憑著這張支票，開創一番嶄新的事業。後來，他的事業可說是欣欣向榮，八十八歲時，更是發展到巔峰。

六十五歲才開始激發昂揚鬥志的哈倫德．桑德斯上校，就這樣以第一筆社會保險金創辦了全世界聞名的肯德基炸雞連鎖店。

一生充滿傳奇與顛簸的桑德斯上校，雖然歷經了五十年的窮困潦倒後，才找到人生的方向，但是在他生命終結的時候，伴隨他的是成功的榮耀，又有多少人回頭計算他那長達五十年的潦倒時間呢？

其實，生活隨時都可以改變，人生也隨時可以有新的開始，可能與不可能的關鍵，不在於你的年齡或能力，而是你有沒有「鬥志」！

從桑德斯上校的身上，我們可以看見，成功者之所以永遠能戴著成功的光環，那是因爲他們即使到了生命即將結束的前一刻，仍然會憑著一股鬥志，也要讓生命精彩的部分發揮出來，一點也不願浪費。

多給自己信心就能扭轉命運

面對困境，面對殘缺，我們可以這麼相信，這是上天給我們的特別考驗，千萬不要氣餒，多給自己信心。

身體的殘缺並不可憐，可憐的是心的殘缺，一顆不願扭轉命運的心最爲可憐；身陷重重困難並不悲慘，眞正的悲慘是那些坐困在逆境中，不願拯救自己，只懂哀嚎、埋怨的人。

有一個從小就失明的盲人，自從懂事以來，便一直爲了這個天生的缺陷而煩

惱、沮喪。

他心裡相當不平衡，經常對人們抱怨說：「這一定是老天爺故意要給我的懲罰，我這一輩子肯定完了。」

有一天，他向指導他的老師抱怨時，老師開導他說：「你知道嗎？這個世界上的每一個人，其實都是被上帝咬過一口的蘋果，所以每個人都是有缺陷的，只是有些蘋果被咬得比較大口而已。」

老師接著說：「不過呢！這些蘋果之所以會被咬得比較大口，那是因爲上帝特別鍾愛這些蘋果的味道呀！」

這個盲人一聽，頓時領悟，他開心地微笑說：「謝謝您，我明白了！」

受到相當鼓舞的他，從此開始振作起來，決心要向命運挑戰。

不久之後，他便成了一位非常著名的推拿師父，幾乎每個人來到診所中都指名要他醫治。

曾經有人問起他的成功，他總是笑笑地說：「感謝上帝讓我失明！」

好一句「感謝上帝讓我失明」，能樂觀面對人生的人，又怎麼可能會看不見自己瑰麗的將來呢？

面對困境，面對殘缺，我們可以這麼相信，這是上天給我們的特別考驗，千萬不要氣餒，要多給自己信心。

因爲，一旦遇到了困難，只要我們願意勇敢面對，接下來我們便會得到上天的支援，感受到老天爺的關愛！

所以，我們會經常聽到一些成功人士這麼說：「感謝老天爺，要不是當初跌的那一跤，今天的我恐怕不會那麼成功。」

只要肯面對就能走出困境

勇於面對，願意負起責任，是所有成功者的必備特質，因為他們知道：「逃避不是辦法，勇於面對，才能迎接光明的未來！」

《傳光錄》裡寫道：「人之謗我，與其能辯，不如能容；人之侮我，與其能防，不如能化。」

這是因爲，事實的眞相只有一個，只要我們問心無愧，就能坦然面對，而毫不在意別人的誹謗與欺辱。

對於一些人爲帶來的恥辱或意外造成的不良後果，你都會怎麼看待？你是否能堅定地對自己說：「我一定要勇敢面對並負起一切責任」？

三年前，阿明受聘到到一家大公司任職。

這家公司的經理是一位四十歲的男子，他每次出現時的表情，從來都是嚴肅而刻板的模樣，讓人難以接近。

有一次，阿明跟著他外出，在車上，經理忽然對他說了自己的故事。

十年前，這位經理受僱於一家染織公司當業務員，由於他的勤勞能幹，原本負債累累的公司，在很短的時間之內有了轉機。

當時，老闆非常欣賞他，經常邀請他到家裡作客吃飯。沒想到，老闆的獨生女居然愛上了他，經常偷偷地送他一些精美的小禮物。其實，剛開始時，他眞的不敢收，但後來礙於情面，只好收下了。

就這樣過了兩年，有一天，他認眞地面對自己的感情，發現自己對她始終是有距離的，於是，坦白告訴她自己無法給予她一切後，她既生氣又難過，後來居然尋短了。

經理忍不住搖了搖頭嘆氣，接著又說：「疼愛她的兩個哥哥對我咆哮不已，還揚言要我償命。」

當時，他決定要拿出所有積蓄來賠償，周遭的朋友卻勸他快一走了之，但他一點也不想這麼做，他對自己說：「一切因我而起，我必須面對這一切，是死是活都無所謂，重要的是，我必須面對！」

於是，他來到老闆的家，一群老闆的親友們向他推擠過來，作勢要修理他。

這時，女孩的父親，即他的老闆卻向其他人擺了擺手，示意大家不要衝動，接著走上前，並緊握著他的手說：「你願意來面對這一切，正說明你是個有擔當、富眞情的人。」

勇於面對，願意負起責任，是所有成功者的必備特質，因爲他們知道：「逃避不是辦法，勇於面對，才能迎接光明的未來！」

一如受人敬重的美國總統羅斯福，年輕時候因爲患了腿疾，讓他在爬樓梯或行走之時，總得辛苦地運用雙臂，來支撐他前進的步伐。

然而，這個吃力背影，卻從來沒有換得人們的同情與支持，反而有許多人喜歡跟在他的身後，故意嘲笑他。

面對這些嘲笑，堅強的羅斯福總是地對自己說：「我能夠勇敢面對這些恥辱，有一天，我一定會讓他們的嘲笑聲變成讚美聲。」

人在成功之前，必定得先迎戰一切難能可貴的磨練。懂得轉化生命困境的人，能夠面對生活阻礙的人，不會將這些困難或阻礙視爲恥辱，而是堅定相信：「這些都是我人生中最難得的磨練機會，累積這些磨練的機會，就沒有衝不破的難關，最後，我一定會成功的！」

思考寬度決定生命韌度

每個人都可以讓自己的生活過得很精彩，一定要記住：「凡事用不同的角度去看、去想，生活處處都有精彩火花。」

《藏地密碼》是一部撼動現代人心靈的探險巨著，書中蘊藏著許多人生哲理，作者何馬就曾在書中透過主角卓木強說過一番讓人心有戚戚焉的話語：「人，不一定要去改變什麼，但是一定要找到自己。要找到自己，其實也很容易，有時，只需要多一點點決心和勇氣，就可以做到。」

人只要找到自己，就會賞識自己，激發前所未有的潛力。

人只要找到自己，就會激勵自己，對未來的人生抱持更積極認眞的態度。

愛迪生一生成就非凡，最難能可貴的是，小時候便失聰的他，對於自己的缺陷一點也不在意。

每當人們以同情的眼光看著他時，他總是反過來安慰人們說：「我從十二歲開始，就從來沒有聽過鳥叫了，但是，聽不見並不是一種障礙，對我來說，那反而是有助益的，因爲耳聾，讓我在讀書的時候能夠更加專心，最重要的是，我可以省去很多聽人家閒聊八卦的時間。」

曾經有人問愛迪生：「雖然如此，但是可以清楚地聽見聲音，總是比較好吧！爲什麼你不要發明一些助聽器呢？」

愛迪生搖了搖頭說：「請問，你一天二十四小時裡聽到的聲音，有多少是非聽不可的？」

接著，他又補充道：「其實，一個人如果必須大聲喊叫，那麼他肯定是個不會說謊的人！」

如此樂觀而獨特的思考，為他帶來更多人們的敬重，即使他是個聾子，即使人們與他交談必須大聲喊叫，但是許多人還是非常喜歡聆聽他的言論，聆聽他精闢的人生見解。

曾經，有位記者請他提出一些給青年人的忠告，他卻說：「年輕人是不會接受忠告的，因為他們需要的是親自經歷。」

有人問他，幸福和滿足是否值得爭取，他卻說道：「如果有人日子過得幸福且滿足，那麼，我可以斷言，這個人必定是個失敗者。」

一直到在八十歲，愛迪生仍然在研究室中生活，而且還在研究他從未曾研究過的植物學，他將一萬多種植物加以試驗與分類，之後，終於研究出從紫苑科植物中抽取大量膠汁的方法。

曾經有記者問他：「如今科技這麼進步了，會不會導致生產過剩呢？」

大師微笑著說：「人類的需求不會有止境的，因此所需要的東西，也不會有生產過剩的時候。除非，我們肚子裡的容量已經滿了！」

「少聽一點、積極一點、樂觀一點」，這就是愛迪生的生活態度，從中也蘊藏著寬廣的思考角度，足以作爲現代人行事立業的參考。

少聽一點，我們可以省下更多時間，做自己想做的事，也才能從親自體驗中，累積出屬於自己的成功經驗與感動。

至於積極、樂觀，更是創意生活的催化劑，一旦生活缺乏積極的動力，生活便只是一本又一本重複抄寫的流水帳，最終會讓我們失去生活的方向，甚至失去了生命的熱情。

每個人都可以讓自己的生活過得很精彩，不過，期待精彩生活的人，一定要記住愛迪生的話：「凡事用不同的角度去看、去想，生活處處都有精彩火花。」

夢想指引人生的方向

夢想，才是人生中最有價值的東西。務實的態度只能讓你選擇你所能掌握的機會，但是夢想卻能夠驅使你去爭取你想要的機會。

人們經常有的一個錯誤迷思，就是相信「做人應該要務實一點」，與其去祈求天邊閃亮耀眼的星星，不如屈就於眼前的一顆糖果。

然而，以務實爲做人宗旨的人，通常得到的收穫也很現實。更可怕的是，無論他們獲得什麼成功，擁有了多少財富，他們都不會感到快樂。

里基．亨利十六歲的時候，已經是個橄欖球的箇中高手。他能夠以九十英里的時速投出一個快球，並且能擊中在球場上移動的任何東西。

他的高中體育教練對他充滿信心，認爲他一定會是球場上的明日之星。亨利本身也對橄欖球抱持著相當大的夢想與熱情，不過比起那個遠大的夢想，亨利還是不免會想要屈就於眼前馬上就可以到手的利益。

那是升高三的暑假，一位朋友介紹他一份兼職工作，這對從來沒到外面工作過的亨利是個非常難得的賺錢機會。只要辛苦一個暑假，他就有錢爲自己買一輛新的腳踏車，還可以拿錢回家給媽媽，讓她買房子的心願能夠快點實現。

暑期打工的好處實在太多了，不過，爲了騰出打工的時間，他勢必得放棄球隊的暑期訓練課程，這也意味著他不能參加今年度的校際比賽了。

亨利猶豫了好久，終於決定要去告訴教練，請他趕快找別人來代替他參加比賽。不過，教練似乎不肯就這麼放過亨利，他告訴亨利：「你畢業以後，有一輩子的時間可以工作賺錢，但是你能參加比賽的日子有幾年呢？那是非常有限的，你現在錯過了，以後就沒有了！」

「但是……賺錢也很重要啊，我現在多賺一點錢，我媽媽就可以早一點買房子了。」亨利仍然心繫著賺錢的誘惑。

教練問他：「孩子，你告訴我，你去做這份工作能夠賺多少錢？」

「一個小時有三・二五美金。」

「三・二五美金？難道你的夢想，就值一小時三・二五美金嗎？你放棄了說不定可以改變你一生的機會，就只爲了換取這些錢嗎？」

是啊，比起昂貴的夢想，這些錢實在是微不足道。

就這樣，亨利決定趁他還有條件可以背負昂貴的夢想時，好好地爲夢想衝刺。他開始全心全意地投入比賽練習，也在那一年的比賽中交出漂亮的成績單。

匹茲堡派爾若特橄欖球隊看上了他出色的潛力，花兩萬美元把他簽入球隊。另外，亞利桑那大學也願意提供他獎學金，讓他這個貧窮的孩子得到了讀大學的機會。亨利在兩次民衆票選中當選「全美最佳橄欖球後衛」。

幾年後，他和丹佛的野馬隊簽訂了一百七十萬美元的協議。亨利買給媽媽的房子，比他媽媽夢想中的還要大上好幾十倍。

自認務實的人只知道一步一腳印地賺錢，卻不知道賺了錢要做什麼。因爲他們的字典裡，空有願望，卻沒有夢想。

夢想，才是人生中最有價值的東西；夢想，讓人即使沒有錢也能夠感到快樂。事實上，務實的態度只能讓你維持物質生活，但是夢想卻能夠改變你的整個人生；務實的態度只能讓你選擇你所能掌握的機會，但是夢想卻能夠驅使你去爭取你想要的機會。

當然，前提是，有方法可以實現的，才有資格稱爲「夢想」；至於那些憑空想像卻不去實踐的，只能算是「空想」。

不肯認真的人最愚蠢

常識由生活習慣與生活經驗所累積，當人們笑我們沒常識時，你是否也驚覺，自己居然不認真生活，白白浪費了珍貴的時間？

知識是生活上的一種輔助，常識則是生活中的基本能力，而我們在成長過程中，經過不斷地學習、吸收知識和常識，透過各種機會累積經驗，以迎接未來生活的挑戰。

在一個農村裡，有個農夫爲了生計，買來一頭母牛，非常認眞地照料著。

但是，自從他開始養這頭母牛之後，他又多了一項煩惱，因爲母牛如果生乳不夠時，令他心煩，而母牛的生乳如果分泌太多，他更煩惱著：「這麼多的牛乳要放哪啊？」

有一天，他突發奇想：「咦？自從買了這頭母牛之後，我還未向衆親友們告知這個好消息，不如藉此機會舉辦一場宴會，讓大家知道，我買了這頭母牛，順便與大家聯絡一下感情。」

農夫拿定主意後，便立即邀請衆家親友們來訪，當他發完邀請函後，回到家中，卻又一刻也不停地想：「啊！請來那麼多朋友，我要怎麼準備牛乳的量呢？如果要一人一杯新鮮牛乳，所需要的牛乳量恐怕也不少吧！」

農夫想了一會兒，恍然大悟似地說：「啊！我想到了，從今天起，我就別再擠牛乳了，先讓那些牛乳儲備在母牛的肚子裡，等到宴會那天，我再一杯一杯地擠出來給大家喝，那肯定就夠了，而且這麼一來，大家還可以喝到新鮮牛乳呢！哈，太好了，我果然是聰明的！」

認爲自己已經安排妥當的農夫，便開開心心地回房睡覺，滿心歡喜地等到宴會到來的那一天。

期待的日子終於到來了，農夫忙了一個上午之後，換上了一件新衣服，開心地等待貴賓們的駕臨。

當大家都入席後，農夫牽來母牛，笑嘻嘻地對大家說：「歡迎大家光臨寒舍，我養的這頭母牛，所生產的鮮乳相當美味可口，而我也從好幾天前便開始保存，就等今天要與大家一起分享！」

於是，農夫站定好位置和角度，開始努力地擠取乳汁。

怎料，不管他怎麼擠就是擠不出一滴牛乳出來，看著長時間沒有擠乳而收縮的牛乳頭，農夫居然也沒發現。

急了一身汗的農夫，在衆人面前出糗，氣憤萬分，開始罵道：「我少了幾天收入，小心翼翼地將這幾天的牛乳份量都存在牛肚裡，爲什麼現在都沒有了呢？到底是誰偷走了？可惡的小偷，他一定會沒好下場！」

現場賓客聽見農夫如此罵道，不禁哄堂大笑，而愚笨的農夫居然完全搞不清楚問題所在，忿忿地看著大家說：「你們怎麼這麼沒有同情心啊！」

看完了故事，相信你也和大家一樣，都忍不住要嘲笑農夫實在是個「大傻瓜」，套一句流行已久的話叫：「沒有知識也要有常識。」

知識與常識都是我們必須學習的，不過，由於每個人的學習能力不同，在累積知識的過程中會有不同的結果，也因此，寬廣無限的知識領域，我們可以以學習有限的藉口，承認自己的不足。但是，關於基本的生活常識，我們卻沒有藉口可以推諉。

因爲，生活常識是由生活習慣與生活經驗所累積，這些都與我們切身相關。就像故事中的農夫，以母牛維生的他，居然沒有認眞去研究母牛的習性，沒有用心去觀察母牛的生理狀態，這些錯誤並不能單單用「愚笨」來解釋，而是要以「不認眞」，來斥責他對生命的忽視。

反省自己，當人們笑我們沒常識時，你是否也驚覺，自己居然也和故事中的農夫那樣不認眞生活，白白地浪費了珍貴的生命時間？

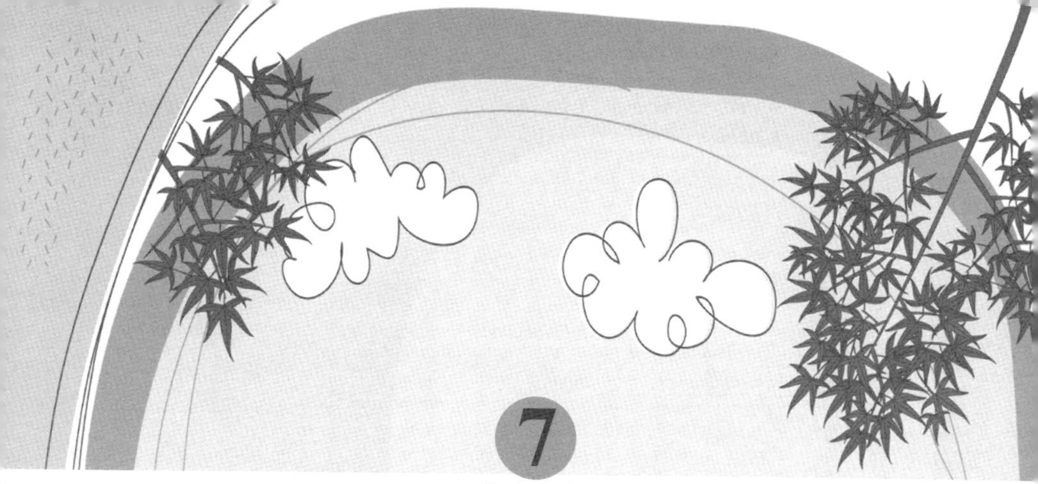

7

PART

人生的苦樂來自你的選擇

過快樂的生活，
還是過悲苦的日子，
從來都不在別人的手中，
也不在外在的大環境中，
就在我們選擇人生的轉念之間。

即使只有萬分之一，也絕不要放棄

你大可不必向那些命理師尋求答案，從他們的口中說出來的未來，從來都是虛假的，因為，相信自己，你的未來就在你手中！

英國知名作家王爾德曾在著作中如此寫道：「看起來痛苦的磨難，經常只是幸福的偽裝而已。」

的確，幸福經常戴著不幸和痛苦的面具出現在我們的面前，只要我們不去逃避，進而勇敢地面對，我們就有機會揭開這些不幸和痛苦的面具，發現早已存在自己身邊的幸福。

即使只有萬分之一的機會，都會是個難能可貴的機會，要是放棄了這次機會，就算再多的命理師看好你，也無法彌補坐失良機的遺憾。

美國有個名叫米契爾的年輕人，不幸遇到了一場火燒車意外，令他全身有三分之二的面積被燒傷，送醫治療後雖然幸運地撿回了一條命，但是從此卻留下了可怕的傷疤。

面對著鏡子中難以辨識的自己，他從未放棄過，儘管曾經痛苦、迷茫，但他不斷地告訴自己：「相信你能，你就能！問題不是發生了什麼，而是你如何勇敢地面對它！」

身殘而心不殘的米契爾，很快地便從痛苦中解脫出來，他幾經努力、奮鬥，一步步地抵達他夢想的目標。

但惡運之神似乎仍想繼續考驗他，在一場學習駕駛飛機的實習課程中，飛機突然故障，米契爾從高空上掉落下來，導致他的脊椎粉碎性骨。

緊急被送到醫院急救後，醫生研判，米契爾恐怕將面臨終身癱瘓的命運。

看到惡運如此糾纏著米契爾，他的親友們無不心痛萬分，但米契爾卻一點也不悲傷，安慰著親友們說：「放心，我的大腦還能思考，這張嘴也還能開口，一切都還沒到絕望的時候！」

在病房裡，米契爾讓生命發揮到極致，他更用樂觀與幽默的生命態度，去鼓勵身邊的病友們，教導他們戰勝病魔。

不久，米契爾走出了醫院，並展開他新的人生，娶妻、生子、登上國會議員寶座，一步步地，他用行動證明：「只要不放棄，什麼事都有可能！」

作家盧卡斯曾這麼說：「痛苦雖然很痛很苦，但是它的果實卻很甜很美。」

一個不曾經歷過痛苦和不幸的人，永遠不知道幸福的滋味有多甜美，就像一個不曾溺過水的人，永遠不知道可以自由呼吸是件多麼幸福的事。

因此，在人生過程中遭遇到各式各樣的不幸和痛苦，嚴格講起來並不是一件壞事，如果沒有這些不幸和痛苦，就永遠無法開出人生的幸福花朵。

你認爲，握在你手中的機會有多少？

聽見米契爾的「只要不放棄，什麼事都有可能」，看見米契爾努力地撐持著一身殘缺時，相信每個人必定都受到了他的感動與鼓舞。

「我的未來有多少可能？」你大可不必向那些高掛鐵口直斷招牌的命理師尋求答案，從他們的口中說出來的未來，從來都是虛假的，因爲米契爾用行動告訴我們：「相信自己，你的未來就在你手中！」

只有萬分之一的機會已經足夠了，不放棄就能美夢成眞，因爲，成功很多時候就只差那一小步！

人生的苦樂來自你的選擇

過快樂的生活，還是過悲苦的日子，從來都不在別人的手中，也不在外在的大環境中，就在我們選擇人生的轉念之間。

不論遭遇何種挫折和痛苦，我們都不能就此向困境低頭，不能任由環境擺佈。

人生難免會有浮沉，當我們腦海中充滿樂觀的想法時，就不會畏懼任何逆境，反而會把逆境視爲最好的磨練。

當你決定向環境挑戰，心中就會湧出不屈不撓的奮鬥精神。

你喜歡笑看人生，還是哭哀未來，選定了你想要的生活方式，往後的日子便會照著這個思考方向走下去。

不管未來如何，一切的苦樂、成敗，在一開始選擇時，其實就已經註定了。

那年，傑里被人搶劫時，腹部中了三顆子彈，一度性命垂危，所幸老天保祐，讓他度過了難關，並在不久後康復出院。

當時，傑里的同事們看見他，紛紛露出難以置信的表情，驚訝地說道：「你怎麼那麼快就康復了？」

傑里笑道：「那當然囉！你們想不想看看傷疤呀？」

有同事擔心地問道：「當時的傷勢那樣嚴重，你怎麼一點都不害怕？」

傑里拍了拍同事的肩膀說：「那又怎麼樣，當時不是生便是死，我只不過選擇了活下來罷了！」

傑里繼續說：「你們知道嗎？當時醫生好像是把我當成死人來治療的，不過，當我使盡全力故意喊叫著：『啊，我過敏呀！』他們才驚覺我仍然醒著，便連忙問我對什麼過敏，我指了指小腹：『子彈啊！』他們看見我這樣樂觀，紛紛大笑起來，就這樣，我的手術順順利利地做完了，而我，也從死人變成了活人。」

有個朋友又問：「你怎麼能一直保持樂觀呢？」

傑里笑著回答：「因爲，每天早上醒來，我便會對自己說：『傑里，今天你有兩個選擇，你可以選擇一種好心情，也可以選擇一種壞心情，嗯，那我要選擇好心情。』所以，一有壞事發生，我不會選擇成爲受害者，而是選擇當一個吸取教訓的聰明人，即使朋友們向我抱怨生活中不如意的事，我也非常樂意提供他們生活中積極的一面。總之，生活是由許許多多的選擇構成的，一切就看你怎麼選擇！」

曾經有個位叫博比的法國記者因爲罹患了腦血管疾病，以致於全身癱瘓，最後只剩下一隻左眼可以活動。

不久，人們紛紛傳說他將成爲可憐的植物人。

然而，當時意識仍然清楚的博比卻非常樂觀，他還爲僅存的左眼寫了一句格言：「她是我黑牢裡的唯一通風口，是我潛水衣裡的唯一氣窗！」

過快樂的生活，還是過悲苦的日子，從來都不在別人的手中，也不在外在的大環境中，就在我們選擇人生的轉念之間。

看著傑里的笑顏，你是否也發現了自己的笑容？

聽見傑里的生活哲思，你是否也決定重新選擇前進的未來？

一有壞事發生，不要把自己放在受害者的位置上，而是要把失敗視爲你難得的教訓和經驗，然後，你就會看見它們轉化成爲你成就未來的橋樑。

向「錢」看的同時，更得向前看

錢財只是一種工具，能真正運用它的人才懂得它的「價值」，不要當金錢的奴隸，要當它的主人。

莎士比亞在《雅典的泰蒙》一劇中，曾透過主人翁泰蒙表達對黃金世俗價值的憤怒：「金子！黃黃的、發光的、寶貴的金子！這東西，只這一點點兒，就可以使黑的變成白的，醜的變成美的，錯的變成對的……」

黃金之所以迷人，是因爲它在物質世界中可以代表一切，可以購買所有的物品、權力、地位，甚至是短暫的青春。

因此，許多人對黃金趨之若鶩，不知不覺中成爲金錢的奴隸。爲了錢，失去理智和判斷是非的能力；爲了錢，可以無惡不做、忘恩負義。

從前有個皇帝非常富有，可是仍不滿足。

他希望自己能成爲世界上最有錢的人，於是就貼出皇榜昭告天下，只要有人教會他點金術，將會得到重重的獎賞。

有一天，一個留著長長白鬍子的神仙來到凡間，揭下了皇榜，進入皇宮中。

皇帝聽到終於有人可以教他點金術，開心得不得了，馬上設宴款待。席間，皇帝問神仙：「你眞的能教會我點金術嗎？」

神仙說：「學會點金術你將會失去更多，不後悔？」

皇帝笑著回答道：「只要學會了點金術，我就會有花不盡的金銀財寶，怎麼會後悔呀？」

神仙看到皇帝如此堅持，只好教他。

兩個月後，皇帝眞的學會了點金術。他一看見皇后和太子從旁走過，就想秀一下所學，讓他們開開眼界。

沒想到，他手才剛舉起來要招呼皇后時，皇后立即變成金子，站在那兒一動也不動。

太子看見，慌忙抱著母親，一邊痛哭一邊叫喊。皇帝上前想安撫兒子，誰知手一伸，太子也當場變成個金像。

這時候神仙出現了，問皇帝：「你還希望自己擁有點金術的能力嗎？」

皇帝看著愛妻和愛子，忍痛點點頭，神仙再度搖頭離開。

後來，皇帝覺得肚子很餓，抓起桌上的點心就往嘴裡塞，誰知點心也變成了金子，根本吞不下去。沒辦法，他只好倒在龍床上睡覺。

當他拉過被子蓋在身上，被子又變成了金子。

這次，不管他怎麼呼救，神仙再也沒出現了，皇帝就這樣活活被金被子壓死了。

人的慾望是無止盡的，一旦陷於金錢的誘惑之中，就將付出所有的代價，包括最寶貴的生命。

試想，就算擁有了世界上所有的黃金，卻連一塊餅都沒辦法吃下肚，這樣的人生還有什麼意義？

黃金這個人們眼中的「珍寶」，也只不過是萬物中的「礦物」之一，看似珍貴，可以買到所有物質享受，卻買不起價值更高的人格和情感。

錢財之所以能讓人感覺幸福，是因爲可以利用它來改善生活。但是，若無法與所愛的人一同分享，再多的財富也只是廢物。

錢財只是一種工具，能眞正運用它的人才懂得它的「價值」，不要當金錢的奴隸，要當它的主人。

向「錢」看的同時，也要向「前」看，人生才會過得有意義。

計較越多，失去就越多

「計較越多，失去就越多」，因為當心中的計較越多，我們往往只會專注在某些微不足道的小細節上，而忽略了全盤考量。

對人生積極認眞的人，會把精力用在該用的地方，渾渾噩噩的愚人則把心思花費在生活的瑣事上，處處與人計較。

「和氣才能生財」已是老生常談，而「少一點計較，機會才會多一些」則是現代人最須建立的新觀念。

在摩羅國的地方有個剎帝利族的老人，不幸罹患了一種很嚴重的病。

老人知道自己將不久於人世，於是叫來兩個兒子，交代他的遺言：「我死了之後，你們一定要好好地將所有財產平均分配，千萬不可以貪心、起爭執，傷害一家人的和氣，知道嗎？」

兩個兒子聽話地點了點頭，老人遺言說完，不久便斷氣了。

兩個兒子在處理好父親的後事後，依照父親臨死前的遺願，打算要將父親留下來的財產，進行平均分配。

但是，不知道爲什麼，他們不管怎麼分都無法平均分配，不是哥哥說弟弟的財產分得太多，便是弟弟說哥哥分得很不公平。爲此，原本感情融洽的兩兄弟竟開始吵鬧起來，他們完全忘記父親當初的叮囑。

就在他們僵持不下的時候，有個路人看不下去了，好心地上前爲他們調解。

路人這麼說：「我有一個好辦法，一定能使你們都很滿意，只要你們把每件東西都分作兩份，而每個人各拿一份，那不就平均了嗎？」

兩兄弟聽完他的話，居然驚呼：「聰明！這眞是個好辦法！」

接著，他們立即照著路人的建議去做，只見他們不僅將每一件衣服都剪成了兩半，連鍋子、瓶子、碗碟、桌椅等一切傢俱也劈成兩半。

總之，不論什麼東西，他們都要分成「兩份」，以求絕對的公平，甚至他們連銀錢等也全部撕成了兩半，直到他們將父親所遺留下來的東西，全都平均分成「兩份」，他們這才滿意地停止分配的動作。

只是，當他們停下了「均分」行動後，這才發現所有的東西全都支離破碎，全都變成了廢物一堆，這下子，他們總算很平均的「一無所有」了。

怎樣才是眞正的擁有，又怎樣會是完全的失去，這些都無法從事物本身的價值去衡量，因爲眞正的價值認定，就在我們的心中。這就像故事中的老人留下了財產，然而對他的兩個愚蠢的兒子來說，最終不過只是「廢物」一堆而已。

因爲，在分配財產時，他們只執著於所謂的「平均」問題上，卻忘了自己眞正的需要，更忘了老人家遺言的重點：「不要傷了一家人的和氣！」

「計較越多，失去就會越多」，這是過來人一再提醒我們的生活箴言。

因爲，當心中的計較越多，我們往往只會專注在某些微不足道的小細節上，而忽略了全盤考量，就像故事中的兩個兒子，不願自己吃虧，反而讓手上原本該屬於自己的財富轉眼成空。

從這個「平均分配財產」的故事，我們也可以得到另一個積極的啓發：「即使能力再強，只要機會尚未到來，我們就要比別人更有長遠的眼光，更要比別人懂得不怕付出。」

想要名利雙收，可能失去一切

生命裡無價的部分存在每個人的心中，名利雙收時，收在掌心的光彩是否真的踏實，是否真的無愧於心，當然只有我們自己知道。

思想家賀拉斯曾說：「人的名利虛榮到頭來不過是一場空。」

名利和虛榮或許可以帶來瞬間的歡愉，卻無法帶來永遠的幸福快樂。

那些以犧牲別人的方式來滿足私慾的人，生活的軌道必定會越走越偏，慢慢地，他們將會失去人生的方向，也失去身為人的生命價值。

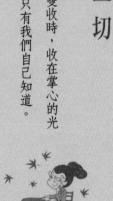

在印度，有一群被引誘信奉邪教的人們，對於這種以邪術蠱惑信徒的宗教，個個都非常虔誠。

這個宗教信仰的教主，自稱能知過去與未來，雖然他熟知各種學說，也眞的上知天文，下知地理，無所不通，然而，他只把聰明用在私慾的滿足中：「我要怎樣才能讓每個人相信我，並尊敬我呢？」

後來，由於佛陀盛名遠播，許多人轉向信仰佛陀，這種情況讓邪教教主天天都在煩惱，因爲他努力建立的權威日漸衰落了。

有一天，他終於想出了一個方法，並且相信這個方法，對於他的名聲和威望必定會大大提升。

只見他立即召來所有的信徒，接著抱起了自己的兒子，忽地痛哭流涕，悲傷哀號起來。

他哭哭啼啼地說：「唉，我的孩子在七天內恐怕就要死去，我現在還不知道到底有什麼方法可以救他呢？」

信徒們看見教主哭得這樣傷心，紛紛勸道：「孩子現在好好的啊！怎麼可能在七天之內便會死去呢？」

教主悲傷地說：「因爲他將有一場災難，那個惡魔就要到了，到時候會找到他，這個難關他過不了了，唉，我也救不了他啊！」

有個信徒安慰道：「也許您計算錯了，不要先下預言，徒勞悲傷呀！」

這句話一說完，教主登時滿臉怒容，嚴厲而堅決地說：「我絕對不會算錯，我對日月星辰、宇宙萬物，從來都沒有算錯！」

這個消息很快地被傳送到各個角落，大家都好奇地看著，也有人非常相信教主的預言，很替他擔憂。

到了第七天，教主的兒子果眞死了！

但事實上，他的兒子原本可以不死的，然而，他爲了建立自己的聲望和權威，竟然在前一夜將自己的親生兒子偷偷殺害。

弒子之後眞能換得一切，眞的能名利雙收嗎？

一個錯誤的價觀觀念，讓我們看見了邪教教主錯誤的生命態度，更可預見他即將失去的一切。

其實，在這個功利社會中，許多人也在追逐金錢與地位的同時，逐漸地失去生命中最珍貴的一切，所以，我們會聽見他們的感嘆：「賺這麼多錢有什麼用？名聲這麼響亮又如何？內心的孤獨、空虛有誰知道？」

生命裡無價的部分存在每個人的心中，名利雙收時，收在掌心的光彩是否眞的踏實，是否眞的無愧於心，當然只有我們自己知道。

名利雙收的同時可能失去一切，這是前述故事要傳達給我們的觀念，因此當我們在競逐名利的過程中，記得隨時反思：「這樣的犧牲是否值得？這樣的爭奪是否眞的能無愧於心？」

華麗不實的事物很容易消失

面對名牌、財富、權力和名聲，現代人似乎越來越愛不釋手，不管取得的方法是否得當，總是想盡方法去爭取、搶奪。

人世間讓人迷惑的事物太多了，形成迷惑的世界，因此，人總是受到事物的美麗表象牽引，殊不知這些事物就像朝露般容易消失。

美麗的水珠輕壓即逝，一如生活中那些浮華無實的身分地位，坐在金山銀山上的人們，是否眞的就過得比一般人安穩快樂，恐怕未必如此吧！

從前有個非常寵愛女兒的國王，對於掌上明珠可說是任她予取予求。

有一天大雨過後，王宮花園一片清新，公主漫步到池塘邊，發現池中澄澈的水珠在陽光下璀璨地閃耀，就像珍珠一樣。公主心動不已，忽然對它有了佔有慾望，只見她撒嬌地說：「父王，您看那些水珠多麼美麗，我要把它們串結起來，做成頭上的裝飾，您說好不好？」

國王笑著說：「好的，好的，心愛的女兒，妳要什麼都好！」

但是，國王仔細地看著池中的水珠，忽地沉下臉說：「水珠？寶貝，那些水珠是虛幻不實的，怎麼能拿來做髮飾呢？」

公主發嗲說道：「不管，我要，我就是要嘛！」

「孩子，可是，那些水珠一拿起來，馬上就會消失了，怎麼取得？」國王好言地勸說著。

但是，嬌生慣養的公主，卻任性地說：「我不相信，如果你不取給我，我就不要活了。」

國王一聽，心急地召來國中所有工匠，下令道：「聽說你們個個具有巧奪天工的本領，現在有一個任務交給你們，你們現在馬上將池中的水珠取出來，並做成髮飾給公主。」

工匠們一聽，面色立即沉了下來，幾乎是異口同聲地說：「這，這水珠根本無法製作髮飾啊！」

國王大聲地喝道：「要是做不出來，小心你們的腦袋。」

只見眾匠們害怕地一一噤口，彼此面面相覷，不知該如何是好。這時，有個老工匠上前，對著國王說：「我有辦法！」

國王聽見有方法，開心地說道：「好極了，那你就試試看，我會重重賞你的。」接著又轉身對公主說：「妳看，父王多麼疼妳！」

公主甜甜地笑著說：「謝謝父王，我也要去看。」

老工匠點頭說：「有請公主與老匠一道去了！」

老匠抵達池邊時，便恭敬地對公主說：「公主，我老眼昏花，我怕挑錯了水珠，我想請您幫忙挑選水珠，讓我來製作，可以嗎？」

公主開心地說：「好哇！讓我取吧！」

只見公主捲起了袖子，以掌掬取水珠，然而，水珠才剛托起就破了，根本無法取得，弄了半天，她始終得不到一滴水珠。

最後，她疲勞地放棄了。

但就在這個時候，公主似乎也領悟了，她對國王說：「水珠根本是假的，它一點也無法久留嘛！那樣虛假的東西，我不要了！」

國王微笑道：「妳確定不要了嗎？或者妳另有要求？」

公主笑著說：「嗯，我要一個用金子做成的髮飾，那既不會枯萎，也不會消失，不是更好嗎？」

國王笑著對她說：「對嘛！這才是真實的東西，父王一定會請最好的工匠，做一個給妳！」

就像故事中的小公主一般，現實社會裡，多數人只看得見事物華麗的外表，卻看不見內裡的虛幻。

面對名牌、財富、權力和名聲，生活富足的現代人似乎越來越愛不釋手，不管取得的方法是否得當，只要有機會，人們總是想盡方法去爭取、搶奪，然而，其中目的往往只是爲了滿足一時之慾。

今生只有這麼一遭，我們究竟要過充實自在的人生，或是要過虛無縹緲的人生，就在我們的轉念之間。

如果我們能以更客觀的態度來檢討自己的所作所爲，就能夠免除主觀心態所造成的種種迷惘。

懂得辨識眼前的眞實或虛幻，並養成一種務實的生命態度，我們的生活才能過得比別人眞實，也比別人更能品嚐到生活的甜美滋味！

分工合才會達成最好的效果

只要能放寬心去思考，必定可以激發出源源不斷的創意，這正是人和人之間無法被完全複製拷貝的獨特性。

從佛家的觀點而言，就像農夫辛勤耕田播種一樣，社會上各行各業的人也都有自己所耕之田與所播之種。

想要使我們的社會和諧美滿，有賴於人群分工合作，彼此用最擅長的方式貢獻自己的才能。

我們常說：「一個人偉大不起來。」這是因爲，任何偉大的事業，都無法只靠個人的力量完成。

適當的分工可以讓你事半功倍，相同的事由兩三個人分工完成，絕對比一個人獨力完成來得更有效率。

茂密的森林裡，有一條丈餘長的蛇每天在森林中自在遊覓，可是有一天，蛇頭與蛇尾莫名地起了爭執。

蛇尾說：「你怎麼那麼自大，每次都要走在我的前面，而我卻只能在後面跟著你，任由你想往東便往東，要往西便往西，這太不公平了。」

聽見蛇尾在抱怨，蛇頭反駁道：「這是天經地義的事，我有眼睛、有嘴巴，當然要走在前面啊！你又看不見，要怎麼走？」

蛇尾生氣地說：「我才不要聽你說教，你想，如果不是我尾巴努力擺動，你怎麼能順利前進呢？」

蛇頭不認輸地說：「你這是什麼話，我要往哪邊走，這可是我的權利，你管得著我嗎？」

蛇頭驕傲地說著，這可把蛇尾惹惱了。

忽然，蛇尾用力地纏繞在樹木身上，還努力地在樹身上繞了三圈，不論蛇頭怎樣用力拉扯，他都牢牢地纏繞不放。就這樣，蛇頭被「綁」在樹上三天，最後因爲耐不住饑餓，只好無奈地說：「算了！我不要再跟你爭了，你下來吧，我讓你先走！」

蛇尾一聽，立即鬆綁，然後大搖大擺地向前蛇行。

但沒有眼睛的蛇尾，根本不知道前進的方向，更看不見眼前的危險，走沒幾步便墜入一個坑洞中，不久便餓死了。

你總是害怕與人分工嗎？或是因爲擔心別人會偷取你的創意，因而拒絕與人進行密切合作？

其實，你眞的一點也不必擔心，因爲，多一個人等於多一雙手和一對眼睛，更多加了一個創意頭腦，眞正會扯人後腿的人畢竟是少數，況且多數人都知道「團結就是力量」的道理。

如果你害怕創意會被人竊取，從現在起，請不必再擔心、害怕。因爲，就像故事中的蛇尾與蛇頭，每個人都有著不容取代的特殊性，即使遇見那些只會剽竊他人創意的人，我們也絕對可以斷定，他們的腦袋不過是個空殼而已，變不出新花樣，實在不足爲懼！

只要能放寬心去思考，每個人的腦袋必定都可以激發出源源不斷的嶄新創意，因爲這是每個人都能具備的創造力，也是人和人之間無法被完全複製拷貝的獨特性。

不再自私，才能彌補自己的不足

試著敞開心胸學會分享，我們才能享受更多的幸福資源，丟開私心，我們才能從別人的生活經驗中見證自己的不足。

私心過重，不僅會讓人失去向外伸展生間，擴大與人之間的距離，從而阻絕了更多意想不到的可能。

也許，我們也要反省一下自己，是否也曾有過這樣的私心？

當你有機會聽著涓涓的泉水聲，望著清澈的水流，從大自然身上，你看見了什麼，又學會了什麼？

是「無私」和「分享」吧！你做到了嗎？

曾經有個要到遠方做生意的商人，因爲太早將帶在身邊的飲用水喝光，結果走得又累又渴，正當他氣喘吁吁地吞嚥口水時，忽然看見，前方的石縫中正汨汨湧出一道清澈的泉水。

他連忙跑了過去，卻見這條泉水正靜靜地流入一個木桶中。

商人開心地說：「終於可以解渴了！」

於是，他立即把頭埋進水中，咕嚕咕嚕地喝起水來，直到他不再感到口渴時，才把嘴巴移出水面，滿足地撫著裝滿泉水的肚皮，露出欣喜的笑容。

不過，當他看見水仍然不斷地流入木桶裡時，居然對著木桶說：「我已經喝夠了，水呀，你不必再流出來了，我不需要了！」

但是，不管他怎麼說，泉水仍然不停地流著，商人發現，「水流」似乎聽不明白他的勸阻。

這下可把他惹惱了，只見商人站在水流邊，莫名其妙地大吼大叫著，他似乎想用怒吼的方式，來「嚇阻」不願停止的水流。

坐在水流附近的人們，看見這個怪人居然對著水流大吼大叫，還喝令水流別再流水出來，個個都忍不住大笑了起來。

這時，有個人上前對他說：「喂！你是不是渴昏頭了？你喝夠了，就快點離開那個地方便是，何必非要泉水不再涓流呢？」

商人聽見他們的嘲諷，像是一記當頭棒喝，連忙尷尬地離開。

聽見商人對水這麼說時，你是否也這麼想：「這個人未免太自私了吧！」然而，在現實社會中，我們不也經常遇見這樣的人，他們凡事只想到自己，更希望所有的好事只發生在自己身上，從未考慮到別人。

不懂得放下自己的人總是習慣以自我爲中心，凡事都要斤斤計較一番，殊不知，這種習性只會加深負擔，讓自己的「心靈行囊」越來越沉重，最後舉步維艱，陷入痛苦的深淵。

其實，幸福快樂的秘訣就是隨遇而安，只要懂得放下主觀意識，用心體會生活中的每個細節，生活就會更加充實自在。

遭逢不如己意的環境，人難免會焦灼苦惱、惶惑不安，唯有調整自己的心境，不再以自我爲中心，才能擺脫心靈的陰霾。

試著敞開心胸學會分享，我們才能享受更多的幸福資源，丟開私心，我們才能從別人的生活經驗中見證自己的不足。

8 PART

幸福往往從放下的那一刻開始

放下並不是意味著「失去」，
反而是另外一種形式的「擁有」。
放下是從苦惱中超脫的最好方法，
不肯放下只會讓自己
陷入的痛苦和折磨之
中。

努力不懈，就能擁抱世界

只有知道自己追求的是什麼，才能朝著目標前進，只要踏出對的第一步，世界就屬於自己。

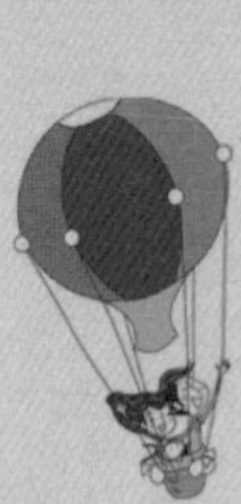

一個女孩在出嫁的前夕，母親對她說：「孩子，我沒有準備嫁妝給妳，因爲妳的嫁妝已經在身上了。這些年來，我盡己所能地照顧妳，讓妳長成這般亭亭玉立，並接受良好教育，也學會謀生的能力。這樣的妳，即使離開家庭也能獨立生存，這就是我所能給妳的最好嫁妝。」

是的，每個人所擁有的最好禮物，就是上天給予我們的寶貴生命，人只要活著，就能開創一個屬於自己的世界。外在物質只能扮演陪襯的作用，最重要的，還是一顆熱情的心。

美國喜劇演員大衛．布瑞納雖然出身在一個貧窮的家庭，但是全家人一直過著和睦、知足的日子。

大衛中學畢業那天，看見許多同學得到了家裡祝賀的禮物，有筆挺的西裝，也有全套書籍，有些富家子弟甚至得到一輛全新的轎車。他非常羨慕，渴望自己也能收到一份畢業禮物。

離開學校回到家中，他跑到院子對正在修理籬笆的父親問道：「父親，我畢業了，您能送給我一樣禮物嗎？」

父親停下手邊的工作，在上衣口袋裡掏出一樣東西，大衛伸出手，父親將一枚硬幣輕輕放到他的手心上。大衛立即露出失望的神情，父親對他說：「用這枚硬幣買一張報紙，一字不漏地讀一遍，然後翻到分類廣告欄，自己找一個工作。到這個世界去闖一闖，它現在已經屬於你了。」

當時，大衛．布瑞納以爲這是父親對自己開的天大玩笑，只想用一個硬幣打發他，但他還是照著父親的話去做，後來果然找到一份工作，並在工作中發現了自己想要的生活。慢慢地，他才了解到父親的用心，明白父親所給予的，是整個世界，這無疑是最好的禮物。

一枚銅板的價值，遠遠超過一套西裝、一輛轎車，它代表一個全新的世界，和充滿無限希望的未來。大衛·布瑞納多年後，才眞正領悟到父親贈予一枚銅板的智慧和用心。

無邊無盡的知識是進入這花花世界的「門票」，拿到門票後，要如何去開啓、欣賞，甚至是演出這段人生戲碼，就看個人了。最重要的是，在這場戲中，你就是自己的主人，想擔任怎麼樣的角色，都由自己決定。只要對生命保有熱忱，就能主導一場精采的戲。

只有知道自己追求的是什麼、需要什麼，才能朝著目標前進，這樣的人生，才不會留下遺憾。只要踏出對的第一步，世界就屬於自己。

幸福往往從放下的那一刻開始

放下並不是意味著「失去」，反而是另外一種形式的「擁有」。

放下是從苦惱中超脫的最好方法，不肯放下只會讓自己陷入的痛苦和折磨之中。

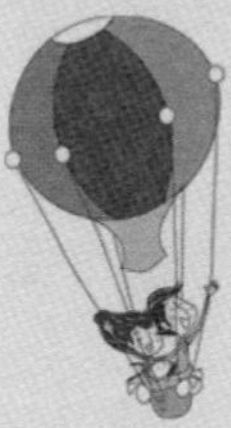

作家奧斯曼曾說：「想要過得幸福，其實沒有什麼訣竅，重點就在於該你後退的時候，千萬別硬要前進。」

後退一步，可以讓你的視野更開闊，把事物的面貌看得更清楚，不再爲了瑣事斤斤計較，也不再和週遭的人發生無謂的衝突。

其實，人生是快樂或痛苦，端視你看待生活的態度，如果你用簡單的態度過生活，那麼你的人生就是彩色的，如果你用複雜的態度過生活，那麼你的人生就是黑白。

有個少婦嫁給了一個有錢人，雖然丈夫任她揮霍無度，過極盡奢侈的生活，然而物質的一切享受仍無法讓她感到滿足。

所謂飽暖思淫慾，當丈夫出外經商時，她居然爲了增加生活的趣味，而玩起外遇遊戲，最後更讓這段不正常的愛情，遮蔽了她的理智。

被甜言蜜語迷惑的她，這天趁著丈夫到外地出差時，將所有的財物全都帶走，因爲她決定，要與那個外遇男人私奔。

只是，她萬萬沒想到，有個殘酷的現實正準備給她一個慘痛教訓！

當他們來到河邊，找不到吊橋也找不到渡船時，望著湍急的河水，這個男人忽然提議：「我想，我可以輕鬆地游泳過去。但是……不如這樣好了，我先把這些物品運送到對岸，然後再回來背妳過去，好嗎？」

少婦點了點頭，她非常相信這個男人的承諾。

然而，一切都就在這個男人渡河之後全部破滅了！

因爲，男人過河後便不再回頭了，少婦壓根也沒料到，自己居然會受騙，無助的她站在河邊，忍不住掉下眼淚。

就在這個時候，前方忽然出現一隻嘴裡啣著飛雁的狐狸，慢悠悠地走到河邊。當牠看見河裡肥大的魚兒時，立刻把飛雁放在岸邊，猛地跳入了水中，妄想將魚兒也變成自己的食物。

然而，就在牠跳入水中之後，這才發現水流實在太急了，連站都站不穩了，更別說是捉魚，於是，牠連忙跳回岸上，只是當狐狸回到岸上時，這才發現飛雁早就不見了。

站在河邊的少婦，把這一切都看在眼裡，忍不住嘲笑狐狸說：「聽說狐狸是很聰明的動物，沒想到你居然這麼傻，既然得到飛雁，應該感到滿足才是，爲何又要貪心捉魚呢？現在不僅兩頭空，剛剛還差點連性命都丟了。」

當少婦說這些話時，狐狸卻相當認眞地看著她，似乎在反諷她：「我傻？妳不是比我更愚笨？不然妳也不會站在這裡發愁，我失去飛雁和魚，那妳呢？妳的損失不會比我少吧！」

是「人心不足蛇吞象」，還是少婦「咎由自取」？

應該說二者皆有吧！因爲無論哪一樣，在這則佛教寓言故事背後，都充分地突顯出人性的貪婪與醜陋。

生活越是富裕，人們對物質的慾求越是不滿，慢慢地，把物慾的胃口越養越大，心也越來越無法獲得滿足，就像故事中的少婦和狐狸一般。

在擁有物質享受的同時，你知道什麼才是眞正的滿足嗎？當財富不斷地累積，請隨時停下挖攫錢財的手，環顧你的生活周遭，是否自己正被困在金山銀山之中？

如果你不希望心變成一個無底洞，就把貪婪從心底徹底根除吧！並在捨與得之間再三斟酌，仔細選擇你眞正需要的，也好好珍惜你所選擇的一切，那麼，就算只是稀鬆平常的溫暖光照，也會讓你猶如享受慈暉般的感覺。

作家梅爾澤曾說：「想要擁有之前，必須先學會放下。」

確實，人生過程中，很多事情該放下的時候就必須放下；放下並不是意味著「失去」，反而是另外一種形式的「擁有」。

放下內心那些偏執、貪癡、怨懟、憎恨……等等負面思緒，是我們活得快樂的最重要因素，也是生命能否提昇至更高境界的關鍵；放下是從苦惱中超脫的最好方法，不肯放下只會讓自己陷入的痛苦和折磨之中。

放下象徵著待人處事的圓融與生活的圓滿，必須經過日積月累的成長與啟發，才能學會適當地取得平衡，而這也正是你我一生必修的功課。

因此，唯有隨時留意身邊的啟發機會，並且不斷地自我反省，我們的人生境界才會有所提升。

知道真正的需要就不會苦惱

好好地關心自己吧！認真地正視自己吧！只有「自己」才是你真正能掌握的一切，才是你生命中唯一且最重要的財產！

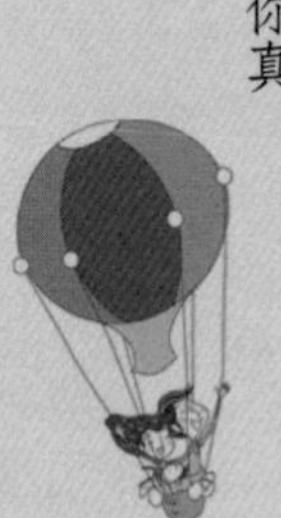

日本道元禪師曾經說過一句簡單的佛理：「迷者眾生，悟者為佛。」

人之所以在塵世迷失，無法徹悟人生，往往是因爲把浮世的名利富貴和其他身外之物當成自己。

人生最重要的課題是認識自己，只要你看得見自己，不輕忽自己，無論現實環境讓自己跌得多重多深，也必定能靠著自己的力量，再站起來。

有天，佛陀前往伽耶山的途中，在苦行林裡休息片刻。

就在他靜坐樹下不久後，有個女人背了一個大包裹，快速地從佛陀的面前走過，聽見急促腳步聲的佛陀，仍然繼續閉目養神。

等到女人走後不久，來了一群高大的男人，他們看見佛陀，連忙問道：「您剛才有沒有見到一個女人經過？她身上拿著許多東西！」

佛陀冷靜地說：「我沒有注意到，不知道你們找她做什麼？」

其中一人憤憤地說：「我們全都住在不遠的森林中，村子裡一共有三十個男人，其中有二十九人都娶妻了，只剩下一個人還沒有找到老婆。同村裡的男人非常同情他，便在昨日爲他找來一個女人，哪裡知道，我們居然看錯人了，這個女人原來是個專門騙人財物的妓女，才一個晚上，她不僅誘惑了村裡的所有男人，今天還把我們的東西全都騙走了。」

另一個男人著急地插話：「所以，我們急著要把她找回來，您到底有沒有遇見這個女人啊？」

佛陀看著他們，緩緩地說：「原來是這樣啊！不過我想問你們，到底是你們自己重要？還是那個女人和被騙的東西重要？」

這個問題霎時讓所有人愣住了，每個人的心中都忍不住想著：「到底哪一個才重要呢？」

他們困惑地看著佛陀，只見佛陀莊嚴而和氣地站立在樹下，看見這個景象，所有人的心突然間都澄淨起來。

一群人忽然異口同聲地說：「自己比什麼都重要！」

當他們很有默契地回答完這句話時，心中也清醒了過來，每個人的眼神中似乎透著一股新的力量。

佛陀這時微笑著說：「那麼，你們就別再追那個女人了，快找回自己的心才是最重要的啊！」

生活作家卡莉曾經如此寫道：「幸福是種奇妙的美好感覺，通常會發生在你決定放下的時候。」

當我們不知道什麼是幸福的時候，總是以自我爲中心，試圖將所有的人事物緊緊握住，人與人之間才會產生那麼多摩擦、衝突，自己才會被那麼多不值得放在心上的瑣事絆住。

幸福往往從放下的那一刻開始，很多事與其緊緊握住，不如後退一步。當我們懂得放下那些想要牢牢掌控人事物的心思，我們才能找到眞正的幸福。

許多哲學家的理論都強調，沒有什麼比「看重自己」更重要的了。在這個豐富而多元的世界中，我們總是被華麗的外表吸引，我們自己最在意的，也往往是那些看似具體而醒目的外在。

所以，佛陀要提醒故事中那些急於尋回失去之物的男人們：「你們真正要在意的，並不是失去的女人和金錢，而是要好好地想一想，你們真正需要或想要的到底是什麼？」

仔細想想，故事中的男人就像那些投資失敗的人一樣，他們眞正煩惱的通常不是「如何重新開始」，而是：「如果當初不要貿然決定，也許就不會失去這麼多了！」

相信有許多人也曾經這樣，結果已經無法改變了，還在「回想當初」，然後再在「悔不當初」的困擾中鑽牛角尖，不是嗎？

好好地關心自己吧！認真地正視自己吧！只有「自己」才是你真正能掌握的一切，也唯有「自己」才是你生命中唯一且最重要的財產！

別讓環境影響心境

活得快不快樂，其實可以掌握在我們自己手中，千萬不要讓環境影響自己的心境，也不要總是以倦怠作為自己逃避職責的藉口。

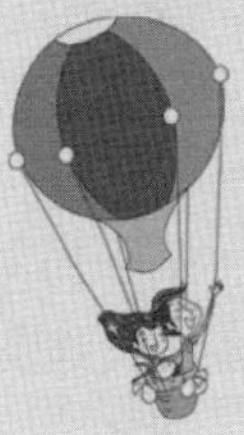

人們經常有的一個錯誤迷思，就是「吃苦一定是不快樂的」，於是越來越多人逃避勞心勞力的工作，根本懶得替工作找樂趣。

但是，吃苦通常只象徵著拮据的生活、不舒適的環境、勤儉的生活方式，誰規定我們不能快樂地吃苦？

據說，西雅圖有個很特殊的魚市場，在那裡，買魚是一種享受。一個慕名而去的旅客到了那裡，發現這個魚市場內一樣充斥著魚腥味，只是伴隨魚腥味而來的，是魚販們的笑聲。

他們一個個像是合作無間的棒球隊員，讓冰凍的魚像棒球一樣，在空中飛來飛去，嚴格說起來，他們不像是在工作，反而比較像是在玩耍。

這名旅客看了非常驚訝，好奇地問他們：「你們的手被魚凍得又紅又痛，整個市場又濕又冷，爲什麼你們還可以保持愉快的心情呢？」

魚販們說，幾年前，他們也是用苦哈哈的心情來工作，每天抱怨著賣魚眞不是一件人幹的事，但是後來，大夥認爲，反正不管他們心情好不好，他們都還是得每天來到這個地方，每天做著同樣的工作，既然如此，何不換一種心情，把賣魚當成一種藝術？於是，大家各自使出絕招，把賣魚當成魔術表演，或是可以媲美馬戲團的絕技，自然越做越有趣，每天都可以製造出新的樂趣。

他們愉快的工作氣氛也感染了上市場買菜的家庭主婦，還有附近的上班族，來到這裡的人，都會被他們的笑聲感染，有的忍不住參一腳加入他們的接魚遊戲，

有的喜歡在一旁看熱鬧，每個人都樂在其中，哪裡還介意有魚腥味呢？

其中一名魚販說：「實際上，並不是生活虧待了我們，而是我們期求太高，以至忽略了生活本身。」不信的話，來到西雅圖市場買魚，你會發現，生活，原來可以這麼簡單！快樂，原來就是這麼簡單！

生活環境優渥與否，或許全靠上天安排，但是活得快不快樂，其實可以掌握在我們自己手中，千萬不要讓環境影響自己的心境，也不要總是以倦怠作爲自己逃避職責的藉口。

只要我們可以用心去品嚐活著的幸福，把辛苦的日子當成一種寶貴的體驗，不去奢求不屬於自己的東西，那麼，不管外在環境如何逼人，你都依然可以保有內心的平靜與喜樂。

不要執著於眼前的假象

凡事三思，我們就不會一再踩空，只要能三思而後行，我們不僅能辨識其中真偽，更能讓自己發現並握住最佳的成功時機。

不論做什麼事，都要提醒自己放下虛妄的心思，保持一顆澄澈的心，後退一步去看眼前的事物，才不會在虛虛實實之中迷惑不已。

別執著於你所看見的現象，因爲那可能只是個海市蜃樓，如果你沒能仔細地分辨眞僞，等到發現眞相時，恐怕也爲時已晚了。

有一天，阿村在池塘邊散步時，發現池底有一條閃閃動人的金鍊子。

見財眼開的他，立刻不顧一切地跳入池中，雖然雙腳一入水池便深陷其中，但欣喜若狂的阿村一點也不擔心，只見他吃力地移動步伐，並努力地用雙手搜尋那條「金鍊子」。

然而，他一直找到黃昏，金鍊子卻像似消失了一般，怎麼找都找不到。

當泥沙在不斷撥弄下，混濁了整個池子之後，阿村累得吐了口氣說：「唉，休息一下好了！」

於是，阿村拖著疲憊的身體回到岸上，這時，他又看見金鍊子的光芒在水面浮現，他連忙看準了方位，立即又跳入池塘中。

然而，這次下水，除了讓池子變得更加混濁外，結果還是一樣，金鍊子像是有意捉弄他一樣，又再次消失不見了。

這回，阿村有點生氣了，滿臉不悅地回到岸上，一直呆坐苦思，直到父親來叫喊他回家吃飯。

阿村的父親見他呆坐在池塘邊，關心地問：「兒子，你怎麼在發呆？」

阿村氣憤地回答：「爸爸，你看！那條鍊子的光芒明明就浮在那兒啊！可是我下水兩次了，怎麼找都找不到呢？眞是氣死我了！」

父親聽兒子氣憤地抱怨著，便朝著水底看了看，果然看見一條金鍊的光芒在水池裡閃爍，不過，他並沒有立即回應兒子的困惑，而是抬起頭仔細地看了看四周。接著，他笑著說：「你到樹上找找看吧！」

「樹上？怎麼可能！」兒子一臉懷疑地問。

阿村雖然嘴裡質疑，仍然爬上了樹身，沒想到果然讓他找到金鍊子了。

當阿村開心地拿著鍊子回到地面時，父親解釋道：「水中的金鍊子只是倒影，兒子，別一味地相信你所看見的，你要看懂虛實之別啊！」

有位哲人曾經譏諷地說：「許多人忙著擦拂門窗上的塵埃，卻忘了應該同時擦拭自己的眼睛。」

我們經常爲了自己有了某個「天大的」發現而興奮不已，最後卻莽撞行事導致一事無成。那是因爲，我們的看法通常是浮面的，只注意事物的表象，不願意再退一步去探究它的眞象。

看著阿村見獵心喜、衝動行事，不妨反思自己，在過去的生活經驗中，你是否也曾經有過這樣的莽撞。

爲了避免像阿村一般，一再地深陷泥淖，我們都要認清事物的眞象與假象，別一味相信自己見到的，要看懂虛實之別。

凡事三思，我們就不會一再踩空，只要能三思而後行，我們不僅能辨識其中眞僞，更能讓自己發現並握住最佳的成功時機。

只有真愛才經得起時間考驗

在凡事講求速度的現代社會中，人們喜歡追求速食愛情，然而，在寂寞排解之後，換來的往往是無盡的空虛與失落。

渴望能找到眞愛的人，請用心經營與等待，因爲這一份愛不是速食的愛情，需要時間來焠鍊。只要是眞愛，絕對經得起時間的考驗，只要你認眞對待，終有希望成眞的一天。

很久以前，有個生性吝嗇的富翁，一共娶了四位夫人，其中以四夫人最受富

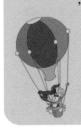

翁的寵愛，兩個人幾乎到了寸步不離的地步；其次是貌美如花的三夫人，她也很受富翁的疼愛。

至於二夫人，在富翁尚未發達之前，兩個人也頗爲相愛，然而當生活開始好轉以後，富翁便漸漸與她疏遠。

雖然二夫人後來被疏遠了，但始終都比元配夫人來得幸福。因爲，二夫人終究也曾被寵愛過，然而元配夫人自踏入富翁家後，便未曾受到富翁的關愛。

有一天，富翁忽然生了重病，從此一病不起，醫生診斷之後，發現他罹患了不治之症。

害怕孤單離開塵世的富翁，臨終前找來最心愛的四夫人，對她哀求著：「夫人，平日我們幾乎形影不離，再大的反對聲音也不能拆散我們，如今我就快不行了，我實在很害怕孤單寂寞，妳可不可以陪我一起走？」

四夫人一聽，嚇得臉色慘白，連忙道：「你怎麼可以這樣想？我還這麼年輕，你怎麼忍心要我陪你死呢？啊，你平時對三夫人也不錯，三夫人年紀大了點，還是叫她陪你去吧！」

富翁一聽，失望地嘆了口氣，只好把三夫人請來，並照著他剛才對四夫人所說的話再說一遍。

三夫人一聽，嚇得全身發抖，連忙焦急地說：「不行，不行，我還這麼年輕，還可改嫁他人，找二夫人吧！你找二夫人陪你一塊兒去！」

富翁聽到後，失望地搖了搖頭，擺了擺手，示意要她離開。

接著，他便請來許久未見的二夫人，再次說明他不想一個人走的心情，並請求二夫人能答應陪伴他。

二夫人一聽，連忙搖手道：「爲什麼要我陪你死呢？你的四夫人和三夫人呢？家中的大小事都要我管，這個家還要我照顧啊！我怎能跟你一起死呢？總之，你死的時候我可以一路送你，但是就是不能陪你一起死！」

富翁無奈地嘆了一聲：「唉！」

這時，幾乎被遺忘的大夫人忽然出現了。

富翁想起自己平日對大夫人的冷淡，便對她說：「夫人，我眞是對不起妳，我過去對妳那樣冷淡，唉，如今我就快死了，想到我得孤單地走向陰曹地府，實在很難過，居然沒有人願意陪我！唉……」

富翁看了看全身素裝的元配夫人，心虛而小聲地問：「我好怕死後的孤單，妳肯陪我一道走嗎？」

沒想到大夫人聽到後一點也不驚慌，反而平靜地說：「嫁夫隨夫，我願意陪你一塊走。」

富翁吃驚地說：「妳，妳眞的願意陪我？唉！沒想到妳對我如此忠心，過去我一直把妳忘了，只知道寵愛四夫人她們，如今她們個個都忘恩負義，狠心離開我，不肯陪我。只有妳願意與我永久在一起，唉！我實在太辜負妳了，我過去怎麼能對妳……」

大夫人一聽，搖了搖頭，安慰他說：「算了，都過去了！」

在以三從四德爲主軸的民間故事中，與故事中大夫人一樣無悔付出的眞愛，總是賺人不少熱淚。

在凡事講求速度的現代社會中，人們喜歡追求速食愛情，卻又習慣以現實生活爲藉口，不想長久的承諾，只想來一份快速的寂寞排解。

然而，在寂寞排解之後，換來的往往是無盡的空虛與失落。

抱持速食愛情觀的人，也許看著故事中其他幾位夫人的現實，會反諷地說：

「是大夫人太笨了！」

但仔細想一想，眞正愚笨的人可是其他幾位夫人啊！

因爲，她們虛度了大半人生，用最美麗的年華，換取了那些生命中最不需要的奢靡和享受，而這一切也將在富翁死去的那一刻，全部失去。

生活中有太多不可預期

生活原本就是由「既定計劃」與「未可預期」所組合，只要能讓意料之外變成預期之中，就可讓計劃與突發攜手成就未來。

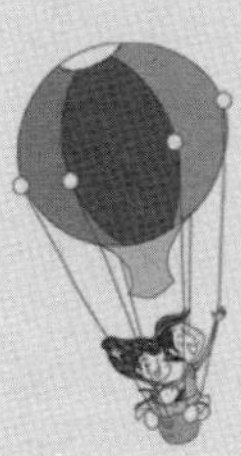

生活中有太多虛妄的事，在變幻無常的人生路途上，我們所看到和遇到的一切，常常是水月鏡花，總是讓人空歡喜一場。

生活之中有太多不可預期的事情，一個人能不能活得快活，關鍵往往在於是否願意接受這些殘酷的事實。

不管在工作上、生活上，或是人際交往上，隨時都有讓我們困擾不已的問題出現，解決這些問題的最好方式，便是用樂觀的態度面對。

很久以前，有位頗負盛名的音樂家，受邀到宮中爲國王演奏，而且，國王還允諾，表演完後會支付音樂家一千銀兩。

音樂家聽見國王要給他這麼多報酬，開心得不得了，便在約定的時間之前趕到宮中，提早準備，好在國王面前能有最完美的演出。

然而，他萬萬沒有想到，當他使出渾身解數演奏完畢，向國王討賞金之時，國王居然反悔了。

國王不願支付賞金的理由是：「沒錯，你演奏了許多樂曲，但是每一首都讓我『空歡喜一場』。所以，我必須這樣說，之前本王說要賞賜給你的銀兩，現在我決定不賜給你了，這個決定不過是讓你和我一樣，只是『空歡喜一場』罷了！」

音樂家聽見國王這麼說，雖然感到不悅，但也只能在心中暗自咒罵，一句話也不敢多說。

就像故事中的寓意，我們也經常遇到一場又場的「空歡喜」，然而，當你發現，一切原來只是空歡喜時，你會怎樣面對？

生活原本就是由「既定計劃」與「未可預期」所組合，二者的比例從來都沒有一個標準，不過，這一切可以由我們來掌控，只要能讓意料之外變成預期之中，就可以讓計劃與突發攜手成就未來。

所以，不必怨尤命運的捉弄，也不要斥責別人的辜負，而是要懂得安撫自己：「這不過是一場空歡喜罷了！」

因爲，聰明的人不會用抱怨來紓解，而是用積極的生活態度，來充實每一場空歡喜，他們會積極地想，如何才能把夢想塡補進這個「空白」的空間，好讓人生更見精彩。

發現每個人的獨特價值

當我們鼓勵自己別妄自菲薄時，也別刻意地去貶低他人，因為，天生我材必有用，沒有人能否定我們的價值，我們更沒有資格去否定他人。

不懂得放下自己的人，一味用偏執的眼光看待世界，不斷因爲和別人較勁而鬱悶苦惱，同時也爲了抬高自己，不斷用負面的態度貶抑別人。

天生萬物，彼此都有互補或互助的功用，我們又何必計較誰的功勞比較大，或批評誰的能力根本不足爲道呢？

有一天，眼、鼻、口一塊兒開了一場座談會，言談中，他們炮口一致，全對著眉毛發出猛烈批評。

首先發難的是眼睛，他怒氣沖沖地說：「眉毛有什麼用？他憑什麼資格位在我們的上面？你們想想看，我眼睛可是靈魂之窗啊！要是我放棄了『看見』的功能，大家就要失去方向了。」

鼻子一聽，也不服氣地說：「我鼻子嗅覺最靈敏了，眉毛算什麼？他怎麼可以位在我們的上面？」

而嘴巴也趾高氣揚地說：「就五官的功能來說，以我最有用途吧！如果我不吃東西，誰也別想活了，所以，擺放在最上面的器官，應當是我才對！眉毛這個最沒有用的傢伙，要拿到最下面才對啊！」

只見，眼、鼻、口齊聲向眉毛發出怒吼。

眉毛聽著同伴們的抱怨，並沒有多說什麼，等大家全都停止埋怨後，才說：「嗯，你們說的都對，我確實是很沒有用，確實應該在你們之下！」

於是，眼、鼻、口、眉開始移動他們的位置，但是不管他們怎麼移動，整張臉看起來都不對勁，最後，他們又回復到原來的位置，雖然眼、鼻、口仍然大聲地否定眉毛，但是眉毛的位置始終都在三者之上。

我們都知道，眉毛之所以會在眼睛的上方，是爲了阻擋汗水滴進眼睛裡，讓視線能夠保持清晰，讓雙眼能清楚看見前進的方向，並非一無是處！

將寓意延伸至日常生活中，我們應該反省自己，過去曾經看不起某些人，是否經常惡意攻訐別人，否定別人？

如果我們能認眞地想一想，就不難發現每個人都有著獨特的價値。當我們鼓勵自己別妄自菲薄時，也別刻意地去貶低他人，因爲，天生我材必有用，沒有人能否定我們的價値，我們更沒有資格去否定他人。

經驗來自實際操練

自己的親身經驗終究比別人的實際，只要我們能夠實際操練一遍，不僅能充實生活能量，還能讓人生步伐走得更加穩健。

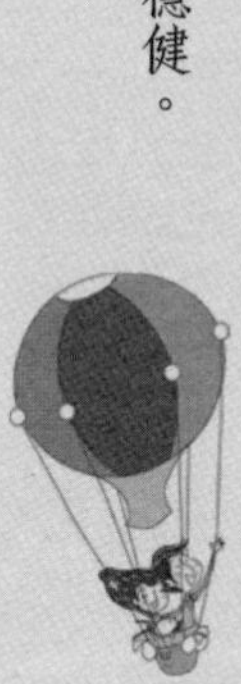

希望自己能比別人少一點跌倒的機會，就別再坐在書桌前猛讀別人的成功筆記，因爲，沒有把這些經驗詳加思索並實地演練的人，是無法眞正明白其中的技巧的。

有個富商的兒子邀集了許多朋友，準備到大海中探勘海底珍寶，可是大海多

變，有些朋友對於他的航行經驗提出了質疑。

不過，信心滿滿的他，猛拍胸脯保證：「放心吧，這方面的知識我非常熟悉，我不僅找了許多書來研究，而且每一個重點都已經牢牢記在腦海裡，想忘記也難，所以請你們放心吧！」

話剛說完，仍然有人不放心地問：「但是……」

富商之子聽見有人又要質疑他，立即打斷友人的話，並自信地說：「你們不相信嗎？我告訴你們，海中的情況我非常清楚，如果不幸遇到礁石或是暗潮漩渦，的確是非常危險。但是，只要我請來的船舵掌控得宜，而且能不慌不忙地及時修正，我們就能準確地朝向前進的方向了！總之，所有可能發生危險的解決方法，我都已經熟記在心中，你們放心吧！」

衆人看他說得這麼有把握，也就放心地出航了。

然而，一切並沒有他想像中那麼簡單，因爲船上唯一會掌舵的舵手，出海不久忽然得了重病，病死在船上。於是，這個從來沒有掌舵經驗的富商之子，負責地接下了掌舵的大任。

航行不久，他們不幸遇到了險惡的暗流，船隻在漩渦裡旋轉許久，完全無法前進。這時，所有人的目光都焦急地齊聚到掌舵者的身上，只見富商之子口中唸唸有詞：「嗯，應當這樣掌握，對，要那樣改正方向，然後再如此操穩，一切就搞定了！」

問題是，大家只聽見他不斷地口述解決的方法，卻不見他實際操作，就這樣，船身在原地旋轉了好幾圈之後，便沉入海底去了。

奧地利作家茨威格曾說：「頭腦和心靈最忌空虛，一空虛就會盲目，就會看不見危險，做出種種讓人訝異不已的荒唐事情。」

人之所以會做出讓人訝異不已的荒唐事情，通常來自華而不實的虛榮心理，往往只吸收了一些理論，就迫不及待把自己吹噓成某方面的專家。

理論與經驗總是有一段距離，因爲不論理論多麼精準，那終究是別人的經驗之談，如果我們沒有親身經歷過，是很難體會解決問題的難易程度的。

紙上談兵終究比不上實際經驗，前者等於是在原地踏步，步伐沒有跨出，又怎麼能獲得成功經驗和秘訣？

雖然，人生是用經驗累積出來的，生命的歷練是在跌跌撞撞中成長的，但是，自己的親身經驗終究比別人的實際，只要我們能夠實際操練一遍，不僅能充實我們的生活能量，還能讓我們的人生步伐走得更加穩健。

9

PART

天堂和地獄就在轉念之間

面對人生的各項課題，

選擇權就掌握在我們手中，

是好是壞、是善或惡，

全在你的一念之間！

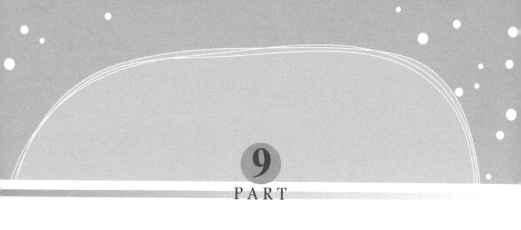

凡事適可而止，以免全盤皆輸

人在遊刃有餘的狀態下做事，可以把每一件事情都做得很好，但若「逼己太甚」，就很可能會全盤皆錯。

人們經常有的一個錯誤迷思，就是相信「自己應該付出一切代價去追求美好的事物」，因此行事不知適可而止。

美好的事物固然值得追尋，值得留戀，但前提是必須要先知道自己的底線在哪裡，否則就變成盲目了。

話說山雞天生麗質，全身上下長滿鮮艷奪目的羽毛，不僅令人見了讚嘆不已，就連山雞自己也很爲這身華麗的外衣感到驕傲。每當來到水池旁邊時，牠總是對著自己在水中的倒影，既自豪又自戀地翩翩起舞。

當權的魏武帝曹操聽說了山雞的艷名，特地命人找來了一隻山雞，想要親眼見識一下這舉世無雙的美妙舞姿。

只是，這隻山雞似乎不怎麼識相，無論樂師在一旁演奏得多麼賣力，衆人在一旁喧鬧得多麼起勁，這隻山雞根本不爲所動，只是高昂著頭，驕傲地站在原地一動也不動。

曹操聰明的小兒子曹沖見狀，動了動腦子，想出了一個好辦法。他自幼博覽群書，知道山雞喜歡在水池邊對著自己的倒影起舞，便建議父親搬來一面大銅鏡，讓山雞在鏡子前面顧影自憐，自然就會舞動起來了。

果真，不出曹沖所料，山雞看到自己在鏡子面前的身影，竟比平時在水中看到的還要清晰、還要美麗，立刻激動地拍打翅膀，衝到鏡子前面，興奮地扭動身體，跳起舞來。

曹操看見山雞名不虛傳的迷人舞姿，驚艷不已，連連拍手叫好，看到忘情之處也忘了命人將鏡子搬走。

這隻可憐又愚蠢的山雞，就這麼對著鏡子又唱又跳地表演了好幾個時辰，累了也不知道停止，渴了也捨不得休息，就這麼對著自己美麗的身影，跳到精疲力盡，終於倒在地上，嚥下了最後一口氣。

或許應該這麼說，害死這隻山雞的，並不是牠的美麗，而是牠的美麗爲牠帶來的虛榮心理。

所謂的「美好事物」，有可能是亮麗的外表，也有可能是閃耀的金錢，更有可能只是虛榮心理的投射。

你或許會覺得故事裡的那隻山雞很傻，但是看看我們周遭，有多少人爲了美麗而減肥致命？有多少人爲了事業甘願犧牲健康？有多少人爲了得到權勢而泯滅天良？有多少人爲了追求勝利不擇手段？

當山雞在水池邊起舞時，可以跳得悠然自得，但是來到了鏡子前面，卻因爲太過投入而走火入魔。

人也是一樣，在遊刃有餘的狀態下做事，可以把每一件事情都做得很好，但若「逼己太甚」，就很可能會全盤皆錯。

眞正害人的不是虛榮，而是我們在追求虛榮的過程中，高估了自己的能力，低估了必須要付出的代價。

佔有越多，失去越多

每個人都會有貪念，也都希望別人為我們多付出一點，而自己能付出少一點，但請別忘了「分工」與「分享」的共體精神。

爲了一己之私，很多人習慣用犧牲他人的方式，來滿足自己的慾望，但是處處想佔人便宜，處處都得不到便宜，因爲，當我們的貪慾一起，其實我們也開始失去更多東西。

索求越多，往往失去更多，唯有懂得「放下就是獲得」的道理，抱持正確的態度，方能讓自己多一點幸福，少一點痛苦。

後退一步，我們才能用開闊視野看待眼前的人事物，不再患得患失。

有個一心想成仙的男子，有天聽說有一種仙水，喝了之後就能成爲仙人，於是他立即起程，尋找傳說中的仙水。

中途，他在一間旅館中投宿，老闆問他：「您想到哪兒去？」

他說：「我要去尋找仙水。」

老闆聽到後，忍不住笑了一聲，隨即見他如此傻氣，居然想捉弄他，便說：「不用找了，我這裡有一棵仙樹，您只要爬上去，跳一段仙人舞，就可以成仙了，不必那麼辛苦找尋啦！」

這個男子聽到老闆這麼說，急切地問：「眞的嗎？請您發發慈悲，快告訴我怎麼成仙吧！」

但是，老闆又說：「現在恐怕不行，因爲樹神曾囑咐我，凡是要求仙道的人，都必須在這兒做一年苦工才可以，否則很難成功……」

男子一聽，連忙說：「沒問題，我一定能做到！」

男子心想：「傳說中的仙水未必就能找到，既然這裡有仙樹，那麼等上一年也無妨啊！」於是，他就立即答應，也立即開工，不管多麼辛苦，他都非常努力去做。

很快地，一年的期限就到了，老闆這才想起他的「謊言」，開始煩惱：「我要去哪兒找仙樹呢？」

爲了實現「諾言」，他帶著男子到山中去，隨意地指著山腰上的一棵樹，說道：「這就是仙樹，你爬上去後，等我叫了一聲『飛』，你就從上面飛躍下來，這樣，你就可以馬上升空成仙了！」

男子一聽，不顧死活地爬了上去，並照著老闆的話去做。

出乎意料地，這個男子居然眞的飛騰起來，凌空而去，從此還得了神通。這讓有心欺騙的老闆驚訝不已：「怎麼會這樣，原本以爲他會從樹上跌下來，沒想到他竟然眞的飛向天空，難不成，這棵樹眞的是仙樹？」

從此，老闆對這棵樹視同珍寶。

不久，這個老闆也想當神仙，於是便對兒子說：「我已經老了，這個家就由你繼承，我現在要當神仙去了。」

於是，他和兒子來到這棵仙樹底下，他命兒子在樹下幫他，只見兒子叫喊著：「爸爸！飛！」

老闆像是很有把握似地，猛地縱身一躍。

沒想到，他並沒有向上升起，而是向下直墜，就這樣，到死前他都不知道爲何丟了性命。

一定有人好奇，怎麼兩個人的結果會如此不同，其實是因爲：「兩個人的『心』不同，所以結果不同了。」

別有居心的老闆，雖然騙到了求仙者的勞力，卻也被自己的心欺騙了，因爲他千算萬算，卻忘了計算，有心害人所必須付出的代價。

老闆從明知根本沒有仙樹到完全相信，也正表現出聰明反被聰明誤的愚昧，由於貪婪與有心欺負，最後也吃下了自己所栽種的惡果。

每個人都會有貪念，也都希望別人爲我們多付出一點，而自己能付出少一點，但請別忘了萬物的群居特性，即使是小螞蟻也都知道「分工」與「分享」的共體精神，更何況是號稱「萬物之靈」的我們呢？

暢銷激勵作家哈伯德曾經這麼說道：「人生最大的幸福，並不是你得到什麼東西，而是在於你放下什麼東西。」

確實如此，幸福的感覺往往從放下的那一刻開始。唯有懂得放下心中的貪念，懂得放下那些想要牢牢掌控人事物的心思，我們才能找到眞正的幸福。

執迷不悟就會走上錯誤的道路

人生的方向掌握在我們的手中，踏錯一步，不僅要用加倍的代價重新來過，更有可能因而永遠達不到夢想中的目標。

釋迦牟尼曾說：「色即是惡魔，有決心的人就能離色，得到解脫。」

人世間的各種誘惑無所不在，充滿誘惑的事物往往讓人怦然心動，但這些誘惑暗藏的，正是讓人身敗名裂的暗流漩渦。

人生的路並不長，每走錯一段路，人生路相對便要少掉一截，即使來得及回頭、重新來過，可是走錯的那一段時間終究已經失去。

有個長相平凡的男子娶了一位非常漂亮的妻子，他對於這位美麗嬌妻，可說是呵護備至，有求必應，就像是伺候皇后般地寵愛著她。

但是，這位美麗妻子對於丈夫的付出，卻一點也不感到滿足，居然還紅杏出牆，迷戀上丈夫的一位朋友。

有一天，她趁著丈夫外出做生意時，找來一位媒婆：「我給妳千兩銀元，請妳幫我一個忙！」

媒婆擠眉弄眼地對她說道：「放心，有什麼事儘管向我說，我一定會保守秘密的。」

她語帶嬌嗔地說：「我有一個愛人，爲了他，我願意付出一切，不知道妳有沒有什麼辦法，可以讓我們永遠在一起？」

媒婆想了想，說：「這很容易，只是妳能給我多少報酬啊？」

妻子著急地說：「只要成功了，什麼都依妳。」

媒婆高興地說：「妳放心地回家收拾一切後就走，晚一點，我再找個女屍放到妳的床上，等妳的丈夫回來時，我會告訴他，妳不幸染患急病，已經死了，那不就成了？」

於是，妻子付了錢後便離開，而媒婆也找來一具女屍，並套上妻子的衣服在女屍身上，打扮後倒有些相像。

等丈夫回來時，聽說妻子死了，居然沒有懷疑，還在屍體身邊哭了好幾天，隨後在眾人的勸說下，他才肯將「妻子」火化。

而離家出走的妻子，和情人在一起後，快樂的日子並不長久，畢竟不是每個男人都能像前夫那樣疼愛她，日子久了，覺得眼前這個男子不僅厭煩，而且不懂得疼惜她，這時，她的腦海再次浮現了那個百依百順的丈夫。

禁不住思念之苦，她終於回去找丈夫了。

然而，當她對丈夫說「我是你的妻子」時，丈夫怒氣沖沖地對她說：「我的妻子已經死了，妳是什麼人？爲什麼要欺騙我？」

妻子認眞地說：「我眞的是你的妻子，你看清楚一點，那個屍體是別人啊，我沒有騙你！」

然而，不管她怎麼哀求，丈夫始終堅持：「我的妻子已經死了！」

很多人就像故事中的女主角一樣，選擇人生的方向時，明明知道前路不通，或是遇到好心人勸導，說明前方已是斷崖，仍然執迷不悟，執意要走下去，直到來到斷崖邊，發現已無路可行時，這才後悔當初沒聽勸告，懊惱自己怎麼不三思而行。

想一想，你是否也正走在這樣的執迷道路上？

人生的方向掌握在我們的手中，正因爲選擇的權利在我們手中，更要小心謹慎，因爲，踏錯一步，我們不僅要用加倍的代價重新來過，更有可能因爲這一步，而永遠達不到夢想中的目標。

天堂和地獄就在轉念之間

面對人生的各項課題，選擇權就掌握在我們手中，是好是壞、是善或惡，全在你的一念之間！

《法句經》上有句警語這麼說：「銹由鐵生而傷鐵，人有不淨者，由於己罪，被引至惡處。」

這句話告誡我們，人如果貪圖身外之物而萌生傷人害人的惡念，那麼就會像鐵器生銹一樣，最後受到蝕害的，將會是自己。

善與惡雖是對立的兩面，但行善或作惡卻取決於你的一念之間，請別小看這麼一個轉念，因爲這關鍵性的念頭，將會影響你的一生。

有兩個手足情深的兄弟，長大成人不久父母便相繼辭世，但兄弟倆仍然和樂地住在一起，而且對於父母留下來的東西，從來不曾想過要獨佔。

在一次閒談中，他們覺得自己應該要振興祖業，並且加以發揚光大，不該只想著維持現狀，如此才能安慰九泉之下的父母。

於是，他們計劃到外地經商，把家裡的一切安排妥當後，他們便均分了父母遺留下來的黃金，一起整裝出發。

他們翻山越嶺，一路上幾乎沒有遇到任何人，當他們走至深山寂靜的地帶時，哥哥的心中忽然生起惡念：「如果現在殺了弟弟，奪走他的金子，那我就增加了一倍的本錢，經商想必會更加順利！」

當哥哥生起這個惡念時，弟弟居然也這麼想著：「如果把哥哥除掉，他的金子就是我的，那我就不必這麼辛苦了啊！」

然而轉瞬間，兩個人同時又這麼想：「不行！我怎麼可以這樣想呢？這樣的壞念頭眞是罪大惡極啊！」

還好有這個轉念，因爲這個即時的驚醒，促使他們的腳步走得更快。他們知道，只要讓腳步快一些，自己便沒有時間胡思亂想。

很快地，他們便越過了山林，提早來到碧清的湖邊。

站在湖邊休息時，哥哥忽然拿出身上的金子，猛地向湖心投去，只見沉重的黃金激起了美麗水花。

「啊！」看著四濺的水花，弟弟忍不住驚嘆一聲。

忽然，又一聲「撲通」，湖面再次濺起了水花，這次是弟弟毅然丟下了他手上的黃金。看著弟弟也拋出了黃金，哥哥忍不住問道：「弟弟，我要對你說實話，我曾經爲了這筆黃金而心生歹念，想過要謀害你，幸好及時覺醒，所以決定將它拋入水中以絕後患，至於你，又是爲了什麼？」

弟弟滿臉慚愧地說：「我，我也和你一樣，也有過罪惡的想法！不過，我們現在已經安全了，不是嗎？」

哥哥點了點頭，笑著將手搭在弟弟的肩上，兩個人抬起頭，看著寬廣的天空，心情就像眼前飄過的白雲一般，輕盈而閒適。

俄國寓言作家克雷洛夫曾經寫道：「貪心的人想把什麼都弄到手，最後的結果卻是什麼都失去了。」

貪婪是一個無底洞，讓人耗盡心機，只爲了追求眼前的利益。如果不知道適時放下心中的貪念，就會讓自己直奔地獄。

你準備用哭臉或笑臉來迎接生活，只在一個轉念；你會行善或做惡，也只在一個轉念，而後因果便會立即顯現。

就像故事中的兄弟，一念之差，差點犯下了滔天大罪，所幸他們同時轉念一想，及時從無間地獄的入口回到了人間天堂。

面對人生的各項課題，選擇權就掌握在我們手中，是好是壞、是善或惡，其實在每個人的心中都有一個標準天秤，只是你想把砝碼加在哪一邊，全在你的一念之間！

越富有越要懂得謙虛

越驕傲自滿的人，他們眼前的財富與地位越容易不保，因為不懂得謙虛待人，必定會失去人們的信服與支持。

隨著年齡的增長，提昇生活境界的慾望也會增長，但如果不能懷著謙卑的心，人就會變成貪得無饜、傲慢自大。

佛家有句名言說：「富貴名利，直從滅處觀究竟，則貪念自輕；橫逆困窮，直從起處究由來，則怨尤自息。」

我們站得越高，越要抱持感恩的心，與人誠心相待、謙虛交往，因爲眼前的財富不是我們獨力獲得的，而是結合了許多人的力量得到的，其中還包括了許多你完全不認識的陌生人。

有個貧窮的人努力地打工賺錢，終於存了點錢，左思右想之後，準備拿這些錢去做點小生意。

雖然從小生活窮苦，但他從不相信自己會窮苦一輩子，一直以來，給予他希望和動力的，是他相信，只要他每天誠心地向老天爺祈求，老天爺便會賜予他財富和幸福的力量。

就這樣，他信心滿滿地等待了十二年，從未放棄或失望過。

人窮志不窮的他，做事非常認真，他對自己說：「日子再苦，我也不能向別人借錢，只要我每天都勤奮努力過日子，一定會看見幸福。」

終於，他的誠心感動了老天爺，這天晚上，當他再次焚香祈禱之時，忽然有個人來到他的面前，而且不等他開口詢問，這個陌生人便主動說：「放心，我是來幫助你的。」

「你是什麼人啊？」窮人仍擔心地質問著。

「我就是你嘴裡的『老天爺』啊！十二年了，你一天兩次的祈禱我都聽見了，看你是個老實的人，我接受你的祈求。來，這瓶子叫『德瓶』，你要好好地保管它，只要你心中想什麼，這個德瓶都會滿足你的願望。」天神將瓶子交給窮人以後，便隱身不見了。

有了這個瓶子，窮人忽然間一躍成爲城裡最富有的人，銀兩不僅能任他花用，連女僕等也會時刻出現來侍奉他。生活大幅改變之後，他的性情也起了變化，不僅經常在親友們面前誇耀自己的財富，態度更是驕傲異常，整個人也變得懶惰放肆，做事也不像過去那樣踏實，甚至每天早晚兩次的祝禱也停止了。

因爲，他早就忘了這些富貴是怎麼來的，所以才會不以爲然地說：「我已經這樣富貴了，哪裡還需要老天爺呢？」

這天，大富翁開了一個生日宴會，當然也是爲了誇示他的富有。就在他半酣的時候，有個朋友問道：「老朋友啊！你以前那樣窮苦，怎麼一下子就變得如此富裕，是不是有什麼致富的秘密，說出來聽聽吧！」

有點醉意的富翁，聽見朋友這麼詢問，不禁得意洋洋地回答說：「這全靠我的德瓶，這個德瓶啊，只要我想要什麼，它都會滿足我的願望，我就是靠著它致富的。」

聽他這麼一說，所有人都好奇地看著他，隨即有人請求他把德瓶拿出來，讓大家開開眼界。

他未經考慮便一口答應，連忙把德瓶拿出來現寶，還做了幾個實驗，賓客們見狀，無不嘖嘖稱奇。

這時，富翁忽然心生一計：「瓶子這麼小，實在不夠威風，如果把它變大一點，讓我可以登上瓶子跳舞，那不是更有趣嗎？」

忽然間，小小的瓶子變大了好幾十倍，而他也真的爬到瓶子上手舞足蹈起來。但就在他忘情熱舞之際，一不小心瓶身撞到了桌角，「啪」地一聲破裂了，而那些由德瓶所變化出來的東西，也登時隨著瓶破而全部消失。

那些銀器財寶、侍女……等等，轉瞬間全都不見了，只剩下當初他居住的那間破屋和舊衣服。

一個人對事物有了偏狹看法，就像是內心佈滿蜘蛛網。這張網會不斷地纏住自己的腦袋和眼睛，把所有錯誤的看法反射到日常生活之中，認爲自己高人一等，認爲自己無所不能。

驕奢必定招致失敗，從這個故事當中我們可以看到：「越驕傲自滿的人，他們眼前的財富與地位越容易不保，因為不懂得謙虛待人，必定會失去人們的信服與支持。」

也許，有人不免要問：「那麼，究竟要怎樣才能擁有眞正的財富，如何才能讓財富長長久久？」

方法無他，「放下」而已！

因爲，我們手中的財富與地位，絕對無法靠我們獨力獲得，必須依靠許多人的配合與幫忙，才有機會站上成就的高峰，唯有放下驕奢的心態，我們才能擁有更多未來。

過分貪求，將讓你一無所有

好好地思考一番，或停下忙亂的步伐，回頭看看，我們一路與人競爭之後，到底有多少東西是真正為我們所擁有的？

釋迦牟尼在世之時，曾經告誡弟子：「縱使將雪山化為黃金，也無法滿足人無窮的慾望，我們應該明白這個道理，而持之以正。」

在這個功利掛帥的社會中，名與利是一個人事業成功的表徵，所以，許多人努力創造財富和地位，其中不乏有人在競逐名利的過程中迷失方向。

迷失，是因爲不滿足！

人生在世，超過一半以上的困擾和煩惱，其實源自於我們以爲生活不可能過得簡單富足，正因爲試圖獲得更多，試圖掌握更多，才會讓自己陷入自尋煩惱、自作自受的心靈禁錮之中。

兩個舅甥關係的珠寶商人，相約在同一天同時出海，行前，舅舅囑咐外甥：「這次出海，你的船不可以超越我的船，即使你發現了寶物，也要先讓我行動，聽見沒有？」

外甥點了點頭：「聽到了！」

就這樣，兩艘船一前一後航行，不久這個外甥便發現一座荒島，島上閃爍著許多寶光，於是他趕緊發出信號通知舅舅。

上岸後，他們果然發現許多紅色和白色的珊瑚樹及五色寶石，貪心的舅舅高興地將這些珍寶往自己的船上搬運，直到無法載運時，才一臉不情願地讓給外甥。

外甥雖然只拿一些次等貨，可是一點也沒有埋怨，反而笑著對舅舅說：「我有這些就夠了。」

船隻繼續前進，兩天後，舅舅也發現了一座美麗的島嶼，隨後還發現了一道彩虹般的寶光，他想：「這可不能讓外甥看見！趁著海面的薄霧，我轉個彎後再上岸，他就不會發現我了！」

上岸後，他在島上走了很久，直到天黑還未走到發出寶光的地點，正當他在山林間進退兩難時，忽然看見樹叢中有一道燈光，便循著燈光的方向走去，不久眼前出現了幾間茅屋。於是，他上前敲門，有位白髮老太太走了出來，並慈藹地問：「您是誰？有什麼事嗎？」

舅舅對老太太說：「我是從遠方來的珠寶商人，想向您借宿一晚，不知道方不方便？」

老太太笑著回答說：「當然可以，不過，我這裡沒什麼東西可以招待的，還請您見諒！」

翌日，當他要辭別時，老太太帶了一位少女走了過來，少女的手上還捧著一個烏黑的古盆，老太太對他說：「這是我們家傳的古盆，不知道您願不願意用一顆珠寶交換？」

舅舅將古盆接了過來，發現這個古盆確實是件寶物，只是他捨不得用珠寶來交換。於是，他故意地沉下了臉色，兇巴巴地說：「這什麼東西啊？竟然拿出來沾污了我的手？」說完，他便拂袖而去，留下招待了他一夜的老太太和少女在屋裡羞愧難過。

另一方面，外甥爲了尋找舅舅的行跡，從島的另一端上岸，也正巧找到了老太太家借歇一會。當外甥要離開前，少女對老太太說：「我們再把古盆拿出來試試，他看起來人很好，一定比剛才那個人識貨！」

果然，當古盆展現在外甥的面前時，他便驚訝道：「老太太，這是世界罕有的紫磨金啊！是件價值連城的寶物呢！好，我用一整船的珠寶，和您的古盆交換，您願意嗎？」

雙方開心地交易完成後，外甥便離開了。

這時，舅舅又回到了茅屋，並且不客氣地對老太太說：「早上那個古盆呢？快拿出來，我願意用幾顆珠寶和你交換。」

老太太冷冷地說：「那個古盆已經被一個少年買去了，他可是用一整船的珠寶和我交換，你如果還要的話，往東邊追去吧！」

舅舅一聽，連忙追到岸邊，然而外甥的船已開得很遠了，只見他焦急地搥胸頓足，大喊著：「還我寶來，還我寶來！」

沒想到他才喊了幾聲，突然吐了一口鮮血，便暈死過去，等外甥回頭找尋時，他已經全身冰冷了。

外甥看著舅舅的死狀，不禁悲從中來，哽咽道：「舅舅呀，您愛什麼我都願意給您，只是您爲何要這麼貪心呢？貪圖那麼多，反而葬送了生命，值得嗎？」

作家愛默生曾經說：「一個人抱持怎樣心態，他就是怎樣的人；一個人表現出怎樣行為，他也就是怎樣的人。」

對週遭環境所採取的態度，正是一個人最好的介紹信，如果你想獲得幸福，那麼，就要先理解「退一步就是幸福」的生活哲理。

現實生活中，很多人的困擾和煩惱，都來自於貪婪、偏執與妄想。他們之所以痛苦，並不是他們的日子不好過，而是想要獲得更多。

因爲不懂得放下，他們的物慾熾盛；因爲不懂得放下，他們貪得無饜。

從悲痛中，外甥深切地體會到貪婪的後果，更領悟到貪慾害人的可怕。

故事中的舅舅擁有那麼多的財富，最終卻一樣也沒有享受到；花了那麼多的心血奪取，結果還賠掉自己的生命，值得嗎？

也許，我們應該好好地思考一番，或停下忙亂的步伐，靜下心回頭看看，在現實世界中，我們一路與人競爭之後，到底有多少東西是眞正地爲我們所擁有的呢？

生活再富裕，也比不上親情的珍貴

當父母親用大半人生體會到，即使生活再富裕，也比不上親情的珍貴與可靠時，我們難道不能儘早體會親情的無價嗎？

尼采說：「人就像一根繩索，架於人與禽獸之間。」

確實如此，我們的思維與行動，深受人性中的光明面與黑暗面所支配，一念之差，有人墜入黑暗世界的深淵；轉念之間，有人從黑暗重返光明，再次看見生命之光。

相傳，南印度有個準備嫁到鄰國的女人，在送親途中不幸被一隻雄獅擄走，最後她還與這隻雄獅生下了一男一女，雖然兩個孩子的外貌與常人無異，但性情上卻繼承了野獸的粗暴。

男孩長大之後，有一天問母親說：「我究竟是動物，還是人類？」

聽見兒子的疑問，母親只得將當年的情形說了一遍，沒想到男孩聽完母親的故事後，便對她說：「人與獸終究不同，您爲何不離開獅子，反而選擇與牠共同生活在一起呢？」

母親回答：「我本來也想逃走，但始終都沒有機會。」

兒子聽了母親的話，從此以後便經常動要求與父親出門，目的是爲了摸清山裡的路徑。終於，他們等到雄獅出遠門的機會，當雄獅前腳一踏出門後，母子三人便趁機逃出這座山林。他們歷盡千辛萬苦，終於回到母親的故鄉，然而故鄉早已人事全非，他們只好寄居在鄰居的家中。

至於那隻雄獅，回家後發現老婆孩子們都不見了，便憤怒地下山找尋，還沿途襲擊來往的商旅，人們爲此相當恐懼。不久，無計可施的國王貼出了懸賞告示：

「如果有人能殺死這隻雄獅，便能獲得黃金萬兩。」

當兒子看見這張公告，立即回家對母親說：「以我們目前的處境，實在很需要這筆賞金，母親您覺得呢？」

母親搖搖頭說：「不可以，雖然你父親是隻野獸，但牠始終是你的生父，假如你把牠殺了，你又怎稱得上是人呢？」

但兒子卻反駁道：「如果我不殺牠，那牠絕對不會回到山上去，說不定還會為了尋找我們，而來到這個村莊，萬一被國王知道，我們可能會被處死啊！所以，您別阻止我了，如今牠還四處害人，我們怎能為了一己私情，而害了那些無辜的人呢？總之，我考慮過了，我還是決定要去。」

雄獅一看見兒子歸來，非常欣慰，溫馴地站在原地表示歡迎。但就在這個時候，牠的兒子乘機拿出暗藏的利刃，一刀接著一刀刺進獅子的喉嚨和胸膛，只見獅子流露出慈愛的神情，忍著痛苦一動也不動，不久便氣絕身亡。

國王聽說猛獅已經被殺，十分高興，不過他卻很好奇：「為什麼獅子突然變得那樣溫馴？」

年輕人最初不敢說眞話，經國王一再追問，他才把眞相說出。國王聽完之後，失望地說：「唉！想不到你的心腸竟然這樣狠毒，但既然我已經公告要獎賞，當然會依照諾言給你黃金，不過你竟然狠心殺死自己的父親，實在是一個不孝子，我國是不能容納你這樣的逆子的，你領完了賞金後，便得立即離開本國。」

是「虎毒不食子」的轉念，也是「人不爲己天誅地滅」的偏差，在現實世界中，像這類變調親情的戲碼也一再上演，爲了一己之私，流著相同血液的親人，卻無情撕裂、徹底毀滅，怎不令人唏噓！

不論是從人性面去探討，還是從百善孝爲先的道理上來勸說，善與惡、孝與不孝的選擇權都在我們的手中，而且一切只需我們的一個轉念。

當父母親用大半人生體會到，即使生活再富裕，也比不上親情的珍貴與可靠時，我們難道不能儘早體會親情的無價嗎？無論世界怎樣改變，對於父母的第一懷胎守護恩，是所有爲人子女們都絕不能抹滅的。

心中無愧就不會一再後悔

心懷不軌的人，無論怎樣努力地打直腰桿，因為心中有愧，背脊終究是直不了的。與其祈求神佛寬恕，不如「問心無愧」吧！

爲了幫自己添福添壽，有人四處購買鳥禽放生，更有人壞事做盡，然後再到神佛面前懺悔，祈求原諒與救贖。

然而，刻意地完成「修福」動作之後，回到現實人間，許多人仍然故態復萌，繼續做著他們一再後悔的事。

有一個人爲了達到所謂的「修福」，努力地四處布施。

雖然布施的本意是好的，然而，他爲了布施，卻利用了各種欺騙、敲詐的手段，取得人們的認同或同情，還以不正當的方法換來人們的捐獻，以致於好事也變成了壞事。

不過，執迷不悟的他卻堅持：「我這樣並沒有錯啊！我拿了這些錢去祈福、布施，反而更能爲自己增添福祿壽。」

不久，佛陀聽聞了這件事，便藉此訓示弟子們，並且說了一個庸醫治療駝背的寓言故事。

「很久以前，有個駝背的人來到醫館，請醫師爲他治療駝背的症狀，問題是，這個醫生並非治療駝背的專家，所以他想了許久，都想不出治療的好方法。然而，爲了自己的名聲，這個醫生最後還是勉強地擠出了一個法子。只見他找來兩片木板，然後，他將這個駝背的患者夾在兩片木板的中間，接著用力地將他壓平，企圖用這樣夾心餅的方式，將病人的背脊壓直。但最後，患者的眼珠子被擠凸了出來，而他的駝背則完全沒有醫好！」

故事說完，佛陀告誡弟子們說：「凡是用不正當的手段取得布施的金錢，並不會增添福報，因為那是一種欺騙行為，反而會增加自己的業報，那就像故事中醫生以不正當的方式把背拉直，其中道理與結果是一樣的！」

從故事中走出來，相似的情況也常在你我身邊發生，不是嗎？殊不見，許多人為了所謂的「滅罪」、「祈福」而行善，使用的卻是怪力亂神的詐欺手段，這樣的善又有什麼價值？

佛陀所說的寓言故事，可以讓我們更加清楚地知道，心懷不軌的人，無論他們怎樣努力地打直腰桿，因為心中有愧，背脊終究是直不了了。

所以，與其一味祈求上天保佑，期望神佛寬恕，不如讓自己「問心無愧」吧！

10 PART

知福惜福才是最大的幸福

人間的一切事都在冥冥之中有了安排，
本來就由不得你打如意算盤，
更何況是憑空飛來的財富呢？

尊重，就是最好的互動

人的內在心向的發展是無法控制的，所以要讓人心悅誠服，與其制定各種法令約束，不如得到他們心中的認同和支持。

人的心思像是無法探測的井，深不可測，每個人也都有權利選擇自己的生活方式，縱使在不得不然的情況下只能在特定範圍內活動，但思想的無住飛馳，卻是誰也不能掌控的。

有個生性多疑的國王下令要他的三千嬪妃，全都禁足於宮中，終身不得走出

宮門，以免被宮外的臣民看到，然而這些嬪妃們從年輕時便已進宮，有人一直禁守到中年，都不見得看得到國王。

這樣的禁令讓生性仁慈的王子非常苦惱，有一天晚上，他煩惱得睡不著覺，便偷溜出宮，來到郊外散心。

在朦朧的月光下，他爬到一棵樹上休息。

過一會兒，有個魔術師也走了過來，並來到樹下休息，不過，他沒有發現樹上的王子。

這時，魔術師從口中吐出一個壺瓶，壺瓶中忽然跳出了一個女人，只見這個女人笑嘻嘻地坐在魔術師身旁，陪著魔術師吃喝玩樂。

不久，魔術師睡起覺來，女人見主人睡了，居然從口中也吐出了一個壺瓶，而壺瓶中竟然也跳出了一個男人。

於是，兩個人玩樂了一會兒，男人才跑回壺瓶，一切又回復到原來的樣子，由於魔術師睡得很沉，當他醒來時，一點也不知道先前發生了什麼事。

不過，坐在樹上的王子卻看得相當清楚，而且從這件事情中，他還爲母后她們想出了一個解決方法。

王子回宮後，便請求父王賜宴群臣，還特別邀請那位魔術師參加。

宴會當天，王子親自招呼魔術師，引領他來到一個放了三張椅子的位子，魔術師見狀，不禁好奇地問：「怎麼給我三個人的位子呢？」

王子直爽地說：「你心中不是有一個女人嗎？不妨也請她出來吧！」

魔術師知道隱瞞不住，便從口中吐出女人，而王子立即又對女人說：「是妳啊！要不要請妳的愛人也一塊出來呢？」

女人一聽，連忙說她沒有愛人，王子嚴肅地說：「但是，我明明看見妳那天從口中吐出一個男人來啊！」

女人知道瞞不過王子，只好將心裡的男人也吐了出來，國王和群臣看到這種情形，全都呆住了。

這時，王子才把那晚的遭遇一一說明，接著對國王說：「父王啊！每個男人的心中都藏有女人，而女人的心中自然也會藏著另一個人，魔術師這件事給了我很大的啓示。總之，無論您用什麼樣的方法囚禁她們，都無法去除她們的想望啊！

您可以禁止宮中的嬪妃出宮，但那終究是形體上的囚禁，她們的心靈您是禁錮不了的！所以，請父王讓那些嬪妃自由行動吧！」

爲了阻止嬪妃們別有二心，國王用禁錮的方式來防止，然而，可以四處神遊的思維，又能如何阻擋？

人的行動固然可以被控制，但內在心向的發展卻是無法控制的，所以要讓人心悅誠服，與其制定各種法令約束，不如得到他們心中的認同和支持。

那麼，要怎樣才能收服人心？

其中最好的方法便是「將心比心」，當我們與他人互動時，想要獲得對方的幫忙，便要站在對方的立場著想；希望能得到對方的尊重，就得讓對方感受到相同的尊重態度。

知福惜福才是最大的幸福

人間的一切事都在冥冥之中有了安排，本來就由不得你打如意算盤，更何況是憑空飛來的財富呢？

現實生活中，我們常聽到老一輩對年輕一輩殷殷教誨：「一個人的福分有限，別輕易糟蹋了啊！」

正是知道福分有限，所以他們懂得知福惜福，好讓自己能滿足且自在地享受這些福分，並希望將這不貪不求的美好德性留給後代子孫。

有一天，波羅奈國的國王和群臣到深山裡打獵，晚上還在山林裡夜宿，由於奔跑了一整天，國王梵達摩王一躺下去，便累得睡著了。忽然，國王的耳邊傳來一陣聲音：「國王！國王！梵達摩王！」

正在睡夢中的國王被這聲音驚醒，睜開眼睛，再次聽見這個聲音：「國王！國王！梵達摩國王！」連忙派侍衛到外面察看，不過侍衛什麼也沒看見。

沒想到，這個聲音一連喊叫了三個晚上，讓國王有些害怕，連忙召集群臣，要大家想想辦法。

群臣們猜測是鬼魅在作怪，一致認爲必須趕緊想法子驅除。

於是，國王貼出告示，徵召有膽量、有氣力的勇士去捕捉鬼怪，公告上寫著：「能驅除鬼魅者，即有賞金五百兩。」

不久，有個壯碩的窮漢爲了這五百兩黃金，決定要與鬼怪拼一拼。

夜色低垂，窮漢一個人靜靜地坐在森林中等待，不久，他果然聽到了一陣怪聲音：「國王！國王！國王！」

只見窮漢大聲地喊道：「你到底是人還是鬼？快點滾出來！否則，休怪我手下無情！」

當他的話一說完，便傳來哀求的聲音：「我不是鬼也不是人，我是被藏在洞中的財寶，可惜，我連夜叫喊國王來帶我回去，他卻不理，你來得正好，現在我們這些寶物決定要贈送給你。不過，我有八個同伴，請你回家後把家裡打掃乾淨，並且準備一些飯菜、葡萄汁和牛奶，中午時，我們們會裝扮成修道者的模樣到你家去。等到我們吃完飯後，你用家裡的手杖打我們首領的頭，接著，你再把他放在屋角邊，這樣就能得到寶物了。」

窮漢一聽，不疑有他，還連夜跑回家，在天還沒有亮以前就把家裡整理好了，接著他便到國王那兒，隨便說了一段斬妖除魔的經過，而國王也非常相信他，立即將五百兩黃金賜給他。

窮漢拿著賞金，開心地回家準備飯菜、葡萄汁、牛奶等，還請了位理髮師到家中幫他理髮。

不過，時間有點倉促，當他剛理好頭髮時，八個修道者已經來到門口了。當修道者吃完飯後，他便依照原先的約定，拿起手杖，朝著修道者的頭上重重地打下去。說也奇怪，他這麼一打，八個修道者登時全變成黃澄澄的金瓶子。

不過，這件事情全被來不及出去的理髮師看到了，他看到這種情形，心中又驚又喜，貪慾也油然而生：「我也可以這樣來求發財呀！」

回家後，理髮師也請來了八位修道者，等大家吃完飯菜後，他便拿起一根手杖，往修道者的頭上打了下去。

問題是，他只知其一，不知其二，這八個修道者不但沒有變成金瓶子，還被打得頭破血流，莫名其妙打人的理髮師，最後被帶到官府，接受刑罰。

這件事傳開後，國王派人沒收窮漢所擁有的寶物，沒想到，當那些寶物送到國王面前時，居然一瞬間全變成了毒蛇。

爲什麼國王貴爲一國之尊，卻無緣獲得那些寶物呢？而原本是要給國王的寶物，最後又爲何給了窮漢呢？

還有，理髮師也照窮漢的方法去做，爲何他無緣得到寶物？特別是最後，寶物終於回到了國王手中，但為何轉眼成空？

這些問題或許也正困惑著你，然而，答案其實很簡單，只有幾個字：「命裡有時終須有，命裡無時莫強求。」

事實上，人間的一切事都在冥冥之中有了安排，本來就由不得我們打如意算盤，更何況是憑空飛來的財富呢？

也許，「富貴如浮雲」才是順乎自然的人生態度吧！

當我們抬起頭，偶爾會看見天空中的美麗雲朵，再仔細一瞧，卻見雲朵不停幻化形狀，隨即被風輕輕吹散，生命中的財富和名聲不也像浮雲一般，難得也易逝，我們又何必一再地執迷其中。

用平常心看待「意外的黃金」

遇到「意外的黃金」，我們要用平常心面對，更要以積極的行動，讓每一個多得的意外都能成為生活的助力。

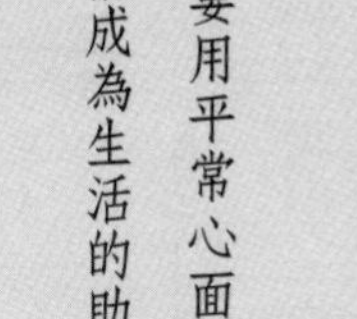

英國文豪狄更斯在他的著作中曾經寫過一句警惕世人的話語：「一念之差，貽誤終身，都是因為我們耽於所好、溺於所欲造成的。」

確實如此，《四十二章經》也提醒我們，世人往往爲了滿足慾望，處心積慮地追求亮麗耀眼的身外財物，這就好像貪吃的小孩舔著塗在刀口上的蜂蜜，稍不留神就會割斷自己的舌頭，豈能不謹慎衡量利弊得失呢？

沒有人不喜歡黃金，但是，更多時候，肯定每個人更需要麵包！

只要我們肯付出，食衣住行方面的基本溫飽與便利一定都能充足獲得；只要我們的慾望少一點，生活簡單一點，日子一定能過得舒適自在，這些生活上的幸福與滿足感，是你手捧著萬兩黃金也不一定能換得的。

很久以前，有一群人來到一座荒島，當他們踏上這塊土地時，每個人都對自己說：「我要好好地開墾這片土地，爲移居到荒島上的每一個人，建設出一片新天地、一座世外桃源。」

眼下這個季節是翻土、播種的好時候，而在大地上努力彎腰工作的身影，正四處可見。

就在這個時候，有個人大聲呼喊著：「是黃金！地底有黃金啊！」

眞的是黃金，黃澄澄的金塊在陽光的照耀下，閃爍著金色的光芒，所有的人停下了耕作，他們全被這金黃色的光芒吸引，只見每個人更加賣力地挖掘，但是，他們不是爲了播種而翻土，而是爲了尋找黃金。

現在，所有人最在意的，是那些能夠讓人過奢侈生活的金礦，而不是過安穩日子的播種，他們已經忘了耕作的事務，更忘了當初要在這塊新的土地上過新生活的決心。

時間過得飛快，春天過去了，夏天已經來到，播種的時節也早被遺忘，成天只想著挖金礦的人們，對於更切身的農事早就不再在意了。

因爲，人人只想成爲「大富翁」！

但是，口袋裡裝滿了黃金又如何呢？

當秋風吹起，他們當初帶來的糧食已經所剩無幾，由於他們荒廢了農作，如今在秋收的時分，他們竟然連一束稻穗都看不見。

不久，冬雪飄落，所有的糧食已經被吃光了，受不了饑寒交迫，每個人都躺在黃金堆中奄奄一息。

看著故事中的人們，從滿懷理想到利慾薰心，最終更躺在黃金堆中奄奄一息，其中的過程轉折，給了你多少省思？

用平常心看待「意外的黃金」，是故事帶給我們的警惕，事實上，生活中，秉持腳踏實地的態度是必要的，因爲，意外之財隨時會意外失去，所以懂得幸福過日的哲人總是這麼教誨我們：「意外之財始終是多餘的！」

因爲是多餘的，所以即使擁有了它，也絕不能偏離原來的人生方向，更不能爲了這類意外的小插曲，亂了自己的生活步伐。

遇到「意外的黃金」，我們要用平常心面對，更要以積極的行動，讓每一個多得的意外都能成爲生活的助力，幫助自己提早完成人生的夢想。

「生老病死」是人生必經的過程

生老病死不僅是人類的生命常態，也是萬物必定經歷的生命過程，沒有一種生物可以躲開這一場又一場的生老病死。

有生必有死，即使是百歲人瑞也知道：「有一天，我還是離開塵世！」

所以，貪生、恐老、懼病、怕死是人生過程中不必要的煩惱，何不輕鬆看待，讓一切順其自然。

有一對老夫婦年近半百，好不容易才生出一個又白又胖的男孩，夫妻倆自然

是欣喜非常。

幸福的小男孩在老父母的呵護下，一天天地長大了，一直到男孩成家立業，這一家人始終都過著幸福且無憂的日子。

然而，人無千日好，花無百日紅，不幸的事竟降臨到這個幸福的家庭。那天是個百花齊放的好日子，男孩和年輕的妻子相偕到後院散步，他們坐在一棵樹下談天之時，妻子忽然看見樹上有一朵含苞待放的花，便對丈夫說：「親愛的，你把那朵花摘下送我，好嗎？」

疼愛妻子的他，很快地爬到樹上。不料，就在他伸手去摘時，忽然「啪」的一聲，樹枝居然折斷了，他從樹梢上摔了下來，當場一命嗚呼。

面對這突然的橫禍，妻子震驚得昏過去，而老夫婦一聽到兒子過世的消息，更是悲痛萬分，幸福家庭從此籠罩在悲傷的氣氛中。

這時，佛陀正巧來到這個小村莊，當他聽說這個不幸消息時，便來到老夫婦的家中，安慰他們：「生死有命，你孩子的死，既不是上天的旨意，也不是誰害了他，世間一切皆有其因緣，人生原本就有許多變數，你們就別太難過了，把心放寬一些。」

然而，不管佛陀怎麼說，他們還是無法接受，因爲對他們來說，孩子是他們的心肝寶貝。

於是，佛陀又對他們說：「好吧！你們就別再悲傷了，讓我把你們的孩子救活吧！」

一聽到「救活」兩個字，老夫婦高興地跪倒在地上，佛陀連忙扶起他們說：「想救活他是可以的，不過，你們必須到沒有死過人的家中，點三炷香回來，那我就有辦法了。」

爲了死去的兒子能夠活過來，夫婦倆立即分頭去找，然而，世上哪有家中沒有死過人的呢？

只見他們垂頭喪氣地回來，佛陀再次開導他們：「所以，你們應該了解了吧！有生必有死，無論你們感情多深，終有一天都會分別，再健康強壯的人也會有死亡的一天，如今，你們的孩子只是早一點離開你們而已，即使現在還活著，你們終有一天都要分開的，不是嗎？」

生老病死不僅是人類的生命常態，也是世間萬物必定經歷的生命過程，我們更可以這麼說，世界上幾乎沒有一種生物可以躲開這一場又一場的生老病死。

在生命哲學的理論中，有生就有死，有死也必定會有生，因而，我們可以換個角度來面對循環不停的生命流程：「看見新生不必過度喜樂，面對死亡也不要過度傷悲，因為生命循環的自然規律，已經在這個地球上循環了千百萬年，而我們也早已在這樣的循環過程中，死生了千百萬年，下一世你們仍會有新的因緣與開始。」

聽完了佛陀的話，你的心是否也放下了呢？

不要為了私慾而忘恩負義

知恩圖報是利人也利己的事，而忘恩負義的行為，不僅讓有恩於我們的人失望難過，還會為自己帶來無法預料的災禍！

荷蘭思想家史賓諾莎曾說：「我們對於情感的理解愈多，就越能控制自己的情感，心靈感受到的痛苦也就越少。」

私慾與功利容易蒙蔽人的心靈，一旦這樣的誘惑出現時，「恩義放兩邊，利字擺中間」，是大多數忘恩負義者最常見的行徑。

有個樵夫上山砍柴時，不小心迷失了方向，就在這個時候，忽然雷聲大作，驟然降起大雨來，樵夫焦急地尋找躲雨的地方。

只見他倉皇地跑進一個石窟裡，就在他準備坐下休息時，卻看見一隻大熊，正臥睡在角落裡。

樵夫一看，嚇得退了好幾步，然而外面的天空完全變黑，雨又下得非常大，樵夫煩惱著：「我該怎麼辦呢？」

這時，大熊悠然醒了過來，牠似乎了解樵夫的處境，很友善地坐在角落，一點攻擊的神態也沒有。

樵夫見狀，原本害怕的一顆心放了下來，不久他也就不怕大熊了，當晚便在這洞穴裡住下。

大雨一連下了七天七夜，樵夫也和這隻大熊相處了七天七夜，大熊頗通人性，在這段時間裡，每天都提供樵夫許多食物。

天終於放晴了，這時大熊走到洞口，還用眼神示意樵夫返家的方向，樵夫卻見到大熊的眼神中似乎有著一絲猶疑。樵夫明白牠的擔憂，撫摸著大熊，說道：

「你放心好了，我不會把你的蹤跡告訴別人！」

沒想到，承諾才說完不久，當樵夫來到路口時，便遇到一個手持弓箭的獵人上前詢問：「請問你從什麼地方來的？沿途有沒有發現野獸？」

樵夫得意地回答說：「我是有看見一隻大熊，不過牠有恩於我，我是不會告訴你牠的行蹤的！」

獵人一聽，立即利誘他：「不對吧！你是人，牠是野獸，你寧願庇護一隻熊，卻不肯幫我！不如你告訴我牠的去向，只要我捉住了牠，肯定能發一筆小財，到時候我一定與你平分，如何？」

樵夫聽到有發財的機會，眼睛一亮，於是把大熊的住處對獵人說了。

當獵人捉到大熊後，便回頭與樵夫平分熊肉。

然而，就在樵夫伸手要拿熊肉時，他的兩隻手臂忽然斷落了。

獵人見狀，驚恐地問：「你有什麼罪過？怎麼會這樣？」

只見樵夫滿臉後悔地說：「這隻熊曾經待我如同朋友，如今我卻忘恩負義，出賣了牠，眞該受這樣的惡報！」

看著忘恩負義的樵夫所受的惡果，再反思現實生活中的人們，不也經常以「被現實所迫」的藉口，面對曾經幫助他們的人，恩將仇報嗎？

受人恩惠一定要牢記於心，因爲人活著的最大價値，就在於互相感恩。

所謂的「互相感恩」指的是，我們有感恩的對象，而我們自己也是人們感恩的對象。

前者表示，在人生的道路上，我們一路都受到人們的協助與照顧，一路上都能遇見生命中的貴人；而後者則表示，在人生的路途上，我們有餘裕的能力去幫助需要幫助的人，也表示我們的生活平順無慮。

所以，知恩圖報才是利人也利己的事，至於做出忘恩負義的行爲，不僅讓有恩於我們的人感到失望難過，還會爲自己帶來無法預料的災禍，可說是害人又害己的事啊！

價值取向決定你的人生方向

每個人都有不同的人生價值，然而，真正的快樂與價值，經常是看不見的，凡是可以被人發現、看見的，往往都是一文不值的。

凡事以「報酬率」來衡量生活價值的人，在物質慾望充斥的社會中處處可見，如何不被這類人影響呢？

那便是建立正確的價值觀。

這天，有位印度學者命一名弟子前往市集，尋找一位技藝了得的瓦匠，來為

他們製造一些精美的瓦器。

途中，弟子遇見了一個正趕著驢的送貨人，正準備將滿載的瓦器運送至市集。

然而，這頭驢的脾氣似乎很剛烈，只見送貨人硬拖著驢，走走又停停，氣得送貨人最後抽起皮鞭，痛打了牠一頓。

只是，這一頓鞭子並沒有讓驢子乖乖聽話，牠反而更加不肯前進。

忽地，驢子一個失足，跌在地上，而牠身上的貨物也全都掉落地面，那些易碎的瓦器也全數破損。

送貨人一看，登時大哭了起來，接著一路拖著驢子回到店裡，向主人啼啼哭哭地訴說事發的經過。

這時候，緊跟在後的弟子看了不解地問道：「你爲什麼那麼悲傷呢？」

送貨人哽咽地說道：「那些器皿是我和主人辛苦製造出來的，花了那麼多的時間，如今居然被這頭惡驢給毀了，而我也有負主人的託付，心中慚愧萬分，怎能不悲傷呢？」

沒想到，這個愚蠢的弟子一聽，心裡居然這麼想：「哇，這頭驢子居然只消一刻就毀了兩個人的心血，咦？那不就是說，這頭驢子的本領比兩位瓦匠來得高明許多囉！他們要花那麼多時間才能完成一件器皿，而牠只消一刻便可以將一切毀壞！」

於是，他向瓦匠問：「這頭驢子能否出讓？」

只見瓦匠正惱著要如何處置這頭笨驢，想不到現在有人願意買去，自然非常高興，於是，雙方很快地完成交易，弟子也就開心地騎驢回家了。

一回到家，學者便問道：「你騎著驢回來做什麼？」

弟子詳述所見：「因爲瓦匠他們花了那麼多的時間，才能製造那麼多的瓦器，但，您知道嗎？這頭驢子卻只用了一點時間，便將那些器皿毀壞，我想，那個瓦匠肯定無能，所以我就沒有請他同來，我想，這頭驢子的本事肯定強過他們，所以便將牠買了回來。」

學者一聽，連連搖頭：「本事強？沒想到你竟這麼愚笨，如此劣性的驢子，再養百年也不會製造瓦器。」

故事中的弟子認爲，不需要花費太多時間，便能輕鬆毀損一切，其「能力」必然了得，相較於花費大半時間製造產品的瓦匠來說，兩者之間的「報酬率」果然差異很大。

不知道你的認知如何？

錯誤的價值認定，當然會讓人選錯人生的方向，就像那些以「報酬率」來評價生活的人，他們並不會看見所謂「生命的眞正意義和價值」，對他們來說，只要物質慾望能得到加倍的滿足，他們便找到了生活的價值了。

你也這麼認爲嗎？

每個人都有不同的生活態度，也都有不同的人生價值，然而，要提醒大家的是：「真正的快樂與價值，經常是看不見的，凡是可以被人發現、看見的，往往都是一文不值的。」

把困厄當成人生的重要調色

只要能樂觀以對，就算遭遇困厄，我們也能泰然處之；只要能積極生活，就算是突來的災禍，都將成為我們精彩人生的重要調色。

哲學家羅素曾說：「要使整個人生都過得舒適、愉快，是不可能的，因此，人必須正確地培養應付逆境的態度。」

禍福無常，富貴與貧窮也總是不斷地輪替，而任誰也無法預料，到底人生是否能一直持盈保泰，或是一輩子窮愁潦倒？

有個容貌美麗且衣著華貴的女子，正站在一戶人家的門口敲門。

屋主在裡頭問：「請問您是誰？」

這個女子說：「我是能爲你帶來財富的財神啊！」

屋主一聽，高興地請她進屋，並殷勤而熱烈地款待她。

過了一會兒，又有個女人來到這戶人家敲門了，但是這次卻是個衣衫襤褸、面貌醜陋的女子。

屋主一看，便滿臉不耐煩地問：「妳是什麼人？要找誰啊？」

女子說：「我是會爲世人帶來惡運的魔鬼！」

屋主一聽，大吃一驚，連忙催她離開，並準備立即關上大門。

然而，這個女子卻大聲地說：「等等，剛剛進門的財神是我的姊姊啊！我們姊妹倆從來都是形影不離的，如果你不讓我進去的話，那麼，我姊姊也不會停留在你家的。」

只見醜女說完話後，便轉身離開了。

屋主並沒有把她的話當一回事，可是，就在他回到屋裡，準備請教財神時，

那位美麗的財神居然眞的不見了。

看到故事的結尾，我們終於恍然大悟：「原來富貴、貧窮會有輪迴，是貧是富皆在轉眼之間，原來世事如此無常，貧或富根本無須那麼執著。」

儘管我們都相信，人生總是「福禍相倚」，不過，在這不斷交換輪迴福禍的過程中，我們可以掌握的，便是面對人生的態度。

只要能樂觀以對，就算遭遇困厄，我們也能泰然處之；只要能積極生活，就算是突來的災禍，都將成爲我們精彩人生的重要調色。

捨本逐末終將一無所獲

時下許多人著急地想踏上成功的階梯，然而，因為過於心急，未能警覺到眼前的陷阱而一腳踩空，掉入了一無所獲的結局中。

無法明辨事理的人，經常執迷於某種偏狹的信仰，或是相信異端邪說，以致於屢屢做出捨本逐末的事情。

這樣的人如無舵之舟隨波逐流，不知道妥善把握現在，而一味地將希望寄託於無法預知的未來。

人們經常反省要珍惜眼前所擁有的一切，然而這一切卻經常在無意間失去，之所以如此，是因爲大多數人總是太過於期待未來，以爲「已經擁有的就不會失去」，而將目標鎖定在不可知的未來。

育有一子的阿春，一直覺得家中人丁單薄，所以，想盡辦法要再生一個孩子，但她盼望了許多年，這個心願卻一直都無法達成。

爲此，她四處求神問卜，最後讓她遇到了一個神婆。

阿春問她：「您有方法讓我再生一個兒子嗎？」

只見這位信奉邪教的神婆，毫不考慮地回答：「當然有囉！這個方法絕對能讓妳再生一個兒子，不過，妳必須先信仰我的天神，並每天虔誠祭拜，更要乖乖地聽我的話，這樣妳的願望才能達成。」

阿春一聽到生子有望，連忙答應說：「只要能給我再生一個兒子，我什麼都聽您的，不知您有什麼方法？」

神婆小聲地說：「這方法很簡單，只要妳鼓起勇氣，把妳現在的兒子殺了，並用他的鮮血來祭祀天神，那麼，妳就可以再得到一個兒子了。」

沒想到阿春聽完神婆的話，居然完全相信，立即也動起了弒子的念頭。

這時，陪在她身邊的友人，聽到她的想法時，馬上阻止並斥責她說：「等等，請妳先仔細地想一想，姑且不論殺害孩子是滔天罪行，妳將來是不是真的能再生一個還是未知數啊！」

阿春聽了友人的話，認真地想了想：「好像是喔！」

朋友見她似乎還未完全清醒，接著又分析：「我知道妳很希望再生一個兒子，但是，妳連第二個兒子的跡象都沒有出現，卻要將已經出生的兒子殺死，到時候妳不是連一個孩子都沒有了嗎？」

阿春這時才恍然大悟，從此不再盲目地相信邪教，也不再四處求神問卜想生下第二個孩子了。

面對心中的夢想或盼望，許多人都像阿春一樣，很容易迷失在捨本逐末的錯誤裡，忘了當下的珍貴與真實，也忽略了未來也是由每一個當下，一步步累積而至的。

於是，我們看見太多類似阿春的人，願意爲「未知的兒子」，而犧牲眼前活生生抱在手中的「寶貝」。藉著這個故事，我們也看見時下許多人企圖「揠苗助長」，著急地想踏上成功的階梯，然而，因爲過於心急，未能警覺到眼前的陷阱而一腳踩空，掉入了一無所獲的結局中。

沒有人不對未來產生好奇，也沒有人不對未來充滿期望，只是，希望一切都能在未來實現，我們就要努力且踏實地紮下根基，那麼枝葉繁茂的未來，終有一天必定會出現在我們的眼前。

生活良品

52

幸福，就從放下開始

作　　者　千江月
社　　長　陳維都
藝術總監　黃聖文
編輯總監　王郡凌
出 版 者　普天出版家族有限公司
新北市汐止區忠二街 6 巷 15 號
TEL / (02) 26435033 (代表號)
FAX / (02) 26486465
E-mail：asia.books@msa.hinet.net
http://www.popu.com.tw/
郵政劃撥 19091443 陳維都帳戶
總 經 銷　旭昇圖書有限公司
新北市中和區中山路二段 352 號 2F
TEL / (02) 22451480 (代表號)
FAX / (02) 22451479
E-mail：s1686688@ms31.hinet.net
法律顧問　西華律師事務所・黃憲男律師
電腦排版　巨新電腦排版有限公司
印製裝訂　久裕印刷事業有限公司
出 版 日　2022 (民 111) 年 6 月第 1 版
I S B N◎978-986-389-828-3　條碼 9789863898283

國家圖書館出版品預行編目資料

幸福，就從放下開始／
千江月著.—第 1 版.—：新北市,普天出版
民 111.6 面； 公分. - (生活良品；52)
I S B N◎978-986-389-828-3 (平裝)